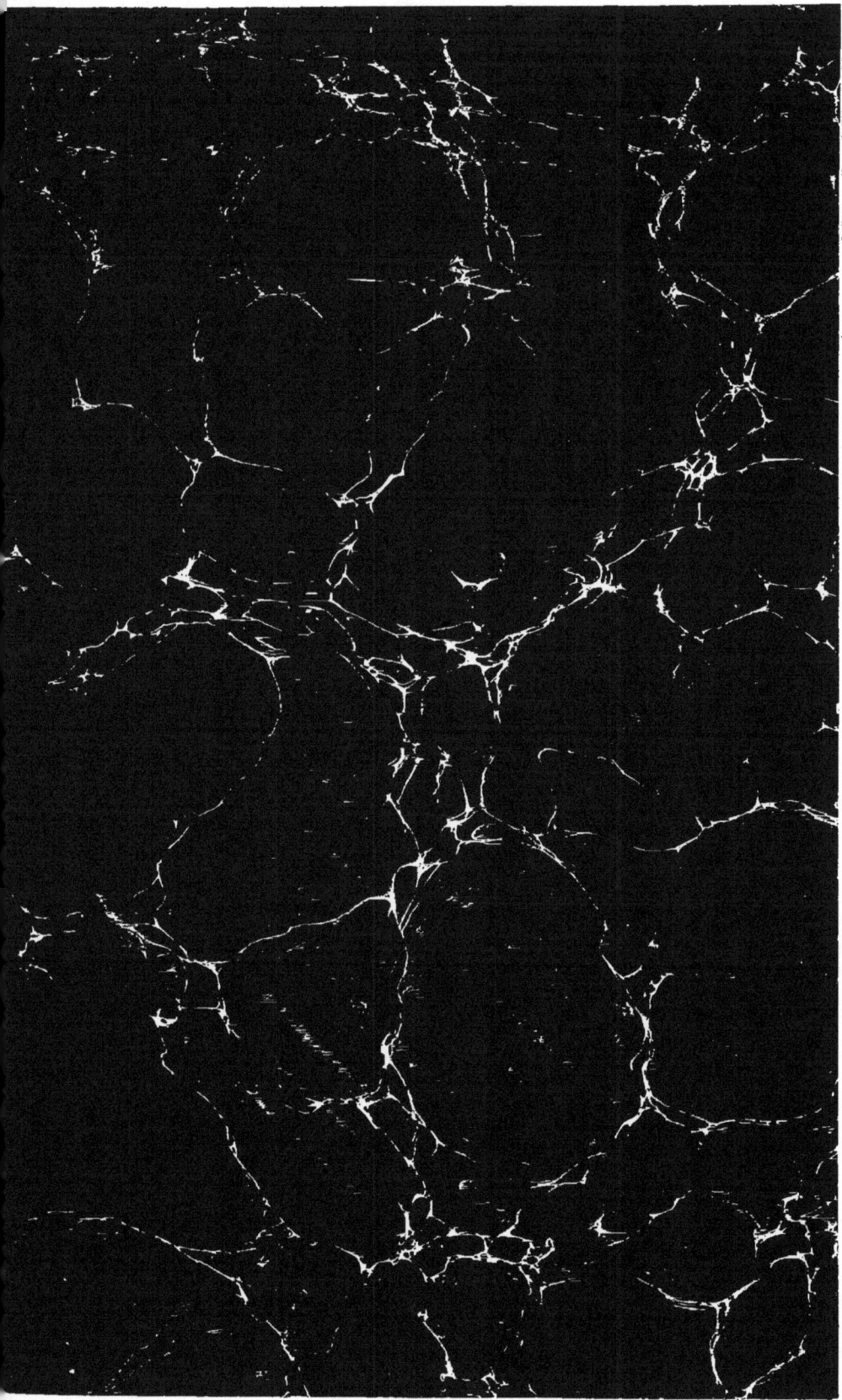

CAMILLE-JORDAN,

A

SES COMMETANS.

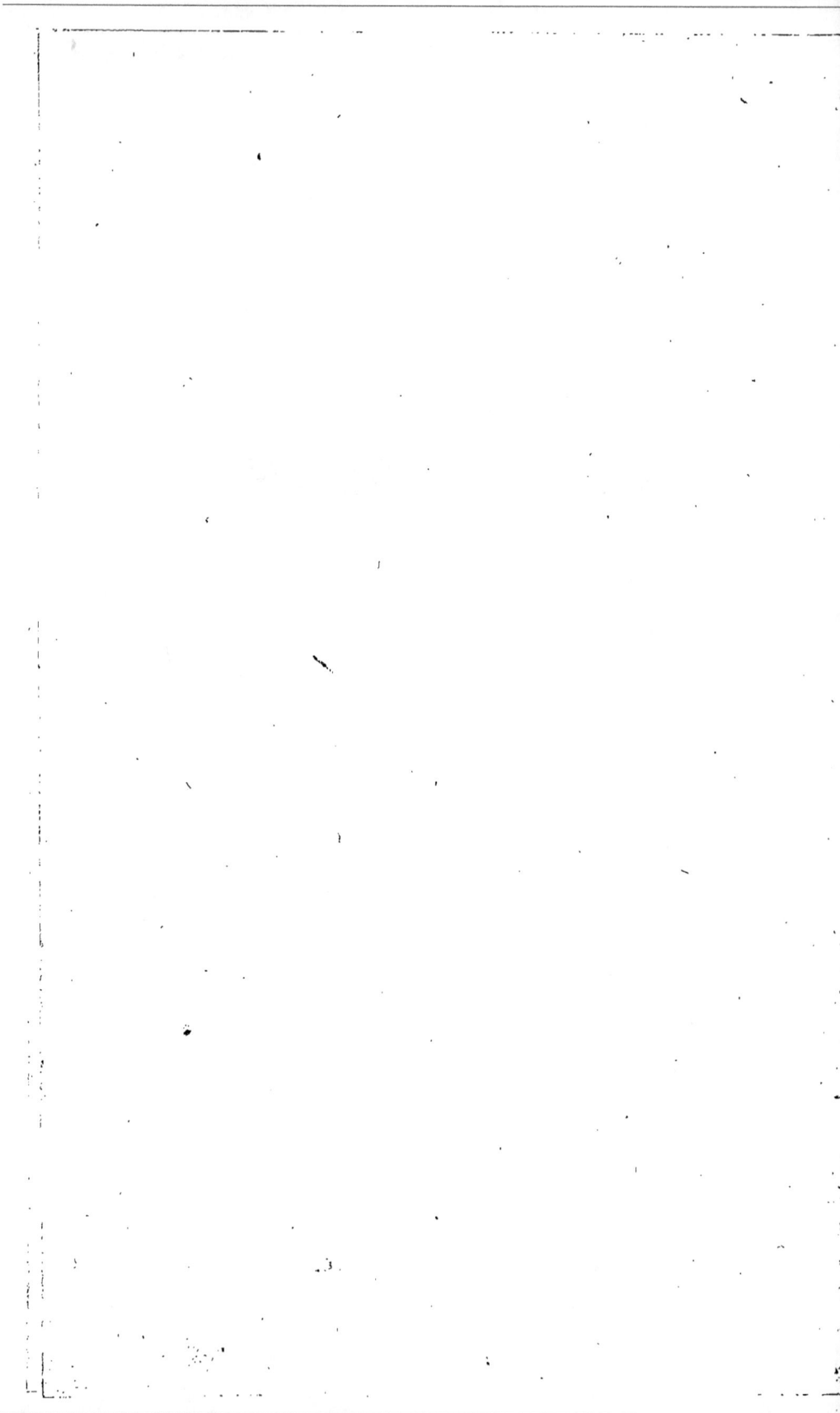

CAMILLE JORDAN,

DÉPUTÉ DU RHONE,

A SES COMMETTANS;

Sur la Révolution du 18 fructidor.

O socii ! (neque enim ignari sumus ante malorum)
O passi graviora ! dabit deus his quoque finem.

VIRG. *Æneid. Lib. I.*

A HAMBOURG,

1798.

AVERTISSEMENT.

CET écrit, que j'avais promis à mes concitoyens, dés le 20 Fructidor, étoit prêt depuis long-tems; ce n'est qu'avec les plus grandes difficultés que j'ai réussi à le faire imprimer. Je doute encore qu'il puisse circuler. Cependant je le publie. S'il ne peut parvenir à mes concitoyens, du moins ils sauront qu'il existe. Ils le sauront, et chacun pourra se dire : « C'est ainsi que ces hommes accusés » ont eu la liberté de répondre. Telle » est l'horrible frayeur que cause aux » accusateurs, dans leur toute-puissance, » la première réclamation d'une de leurs » victimes. Sa défense paroît, et ils l'a-

» néantissent »... C'en est assez; un tel fait vaut mon ouvrage. Il peindra mieux que je n'ai su faire, par quelles impostures ce nouveau Gouvernement fut fondé, par quel despotisme il se maintient.

Je ne crains qu'une objection spécieuse contre cet ouvrage. Il ne partira pas de ceux dont il attaque la conduite, mais de plusieurs de ceux-là même qui partagent mes opinions. Tout est vrai dans cet ouvrage, diront-ils, mais pourquoi irriter, en le publiant, un Gouvernement que notre silence pouvoit incliner à la modération? J'admire ceux qui ont ainsi la bonté de croire que nos écrits ou notre silence changeront quelque chose à la marche de ces tyrans consommés. Sur le tout, je déclare que, dans un écrit suivant, je me charge de répondre longuement à ce reproche. De foibles conseils ont déjà perdu la Repré-

sentation nationale ; au nom du Ciel ,
qu'ils ne nous ravissent pas jusqu'à l'honneur, seul bien qui nous reste. Que du
moins un solemnel démenti soit donné
une fois à tant d'impostures; et puis tai-
sons-nous, s'il le faut.

Au reste, cet ouvrage à été composé
dans une retraite profonde, je le publie
sans avoir consulté qui que ce soit. Sa
responsabilité ne doit porter que sur moi,
et je l'accepte toute entière.

CAMILLE

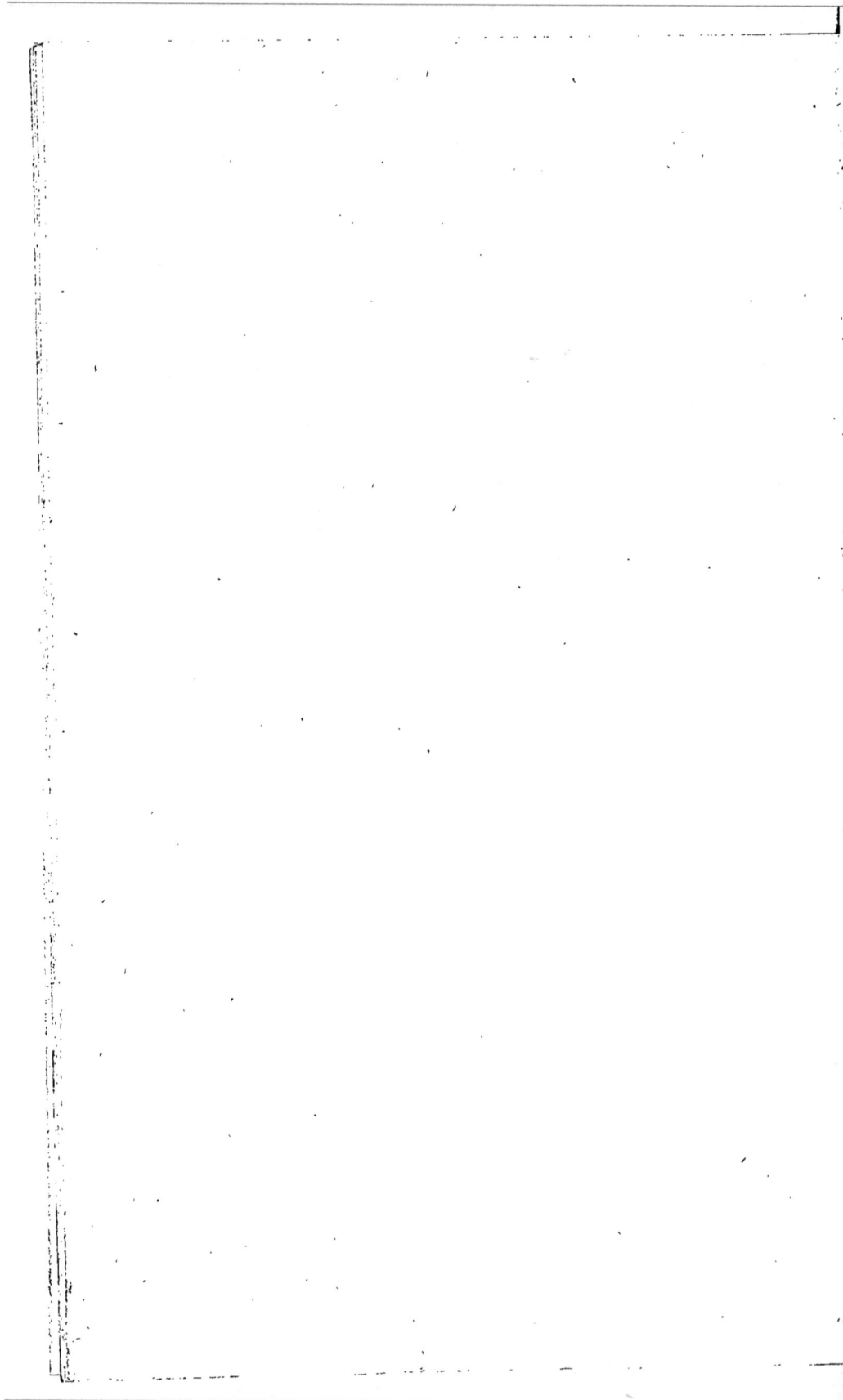

CAMILLE-JORDAN,

A SES COMMÉTANS,

Sur la Révolution du 18 Fructidor, .

MES CONCITOYENS,

Un premier écrit vous a été adreffé de ma part. Au moment où je vis fe confommer l'horrible attentat dont nous étions depuis long-temps menacés, le cri de l'indignation dût s'échapper de mon cœur; je dus vous apprendre que la repréfentation nationale étoit violée, que la liberté n'étoit plus. Mais la vive agitation de mon ame ne me permit alors de vous faire entendre que quelques paroles rapides. Je viens completter aujourd'hui ce que j'avois

A

commencé ; je viens remplir un devoir facré ;
la violence a pu nous fermer les portes du fénat. La tyrannie a pu nous lancer fes arrêts
et profcriptions ; elle a pu, dans fon langage
auffi vain qu'impudent, déclarer nulle la mif-
fion dont nous fûmes honorés par vous ; elle
n'a point effacé ce caractère indélébile que nous
imprimèrent vos libres et unanimes fuffrages.
Toutes les relations qui m'uniffoient à vous
fubfiftent. Votre repréfentant vous doit encore le compte de fes travaux, le fignalement
de la tyrannie, la manifeftation de la vérité ;
& malheur à lui fi quelque crainte pufillanime
lui faifoit oublier un inftant les obligations que
lui impofent auprès de vous, non-feulement
le titre glorieux qu'il a reçu, mais la touchante
bienveillance qui le lui conféra.

Je fens d'ailleurs, qu'en rempliffant aujour-
d'hui ce devoir, je cède à tous les befoins de
mon cœur. Eh ! puis-je contenir plus long-
temps en moi-même le fentiment qui m'op-
preffe, à l'afpect du triomphe infolent du crime?
Puis-je ne pas chercher dans toute la France,
des cœurs qui m'entendent & me répondent?
Et où mieux les trouver qu'auprès de vous, citoyens du Rhône, Lyonnois, vous qui, au

milieu de l'aviliſſement univerſel , avez ſu conſerver le dépôt de toutes les affections géné-
reuſes ; vous , qu'on oſa préſenter comme les
plus ardens fauteurs du deſpotiſme , & qui ,
de tous les Français , êtes peut-être les plus
dignes de porter une liberté véritable.

Vous ne vous abuſerez pas au reſte ſur la
nature & la deſtination de cet écrit. En proteſ-
tant contre la tyrannie, en peignant l'atrocité
des moyens employés pour l'établir , je n'ai
garde de vous engager à prendre les armes
pour la renverſer. Loin de moi la penſée d'exciter de partielles & indiſcrètes attaques , qui ,
irritant vos oppreſſeurs ſans les vaincre , feroient répandre en vain ce ſang précieux à la
patrie, qui coule dans vos veines. Non , non,
perſévérez dans cette patience héroïque que
vous avez obſervée juſqu'à cette heure ; main-
tenez-vous dans cette attitude tranquille, quoique ferme , dans cette ſoumiſſion fière que les
circonſtances vous ont commandée , & que je
vous ai conſeillée moi-même. Les temps que
vous allez paſſer ſont calamiteux ſans doute ;
mais fixez-vous à l'invincible nature des choſes ; croyez que l'autorité des méchans renferme dans ſon ſein le principe de ſa propre

diffolution; croyez que dans le pays corrompu, mais éclairé, que vous habitez, s'il eft devenu facile d'ufurper le pouvoir contre la volonté du peuple, il n'eft plus poffible de le maintenir long-temps, & que, tôt ou tard, en France, l'opinion publique eft la force publique.

Eclairer cette opinion, accélérer fes progrès, eft l'unique but de l'écrit que je vous adreffe.

Je me bornerai à traiter aujourd'hui de la confpiration royale dont nous fûmes accufés, & des mefures dont elle fut le prétexte. Dans un écrit fuivant, fi la vérité peut encore arriver jufqu'à vous, je dirai les caufes du triomphe de nos adverfaires, j'en peindrai les réfultats probables.

Je le conçois; un grand nombre d'entre vous pourra s'étonner d'abord que j'entreprenne de répondre férieufement à cette ridicule accufation d'une confpiration royale, à laquelle n'ont cru aucun de ceux qui l'intentent. Ils fe plaindront que je femble la réhauffer en la combattant. Il eft vrai; une telle accufation pourroit être dédaignée, fi l'on ne regardoit qu'à fes preuves. Mais elle a reçu des circonftances qui

l'entourent, une importance qu'elle ne tiroit
point de son fonds. Elle est devenue le prétexte des violences, le titre de l'usurpation,
le fondement d'un nouveau gouvernement. Il
n'est plus permis de négliger ce qui sert de
moyen à un si grand crime ; & dût aucun Français n'y croire, pour la seule confusion des tyrans, il seroit utile & juste de verser ici des
torrens de lumières.

Mais qui ne connoît d'ailleurs la honteuse
foiblesse de l'esprit humain ? Qui ne sait, qu'il
n'est point de mensonge si grossier qui, affirmé avec audace, répété avec obstination, ne
trouve à la fin quelque créance ? Les imaginations débiles ne résistent point à cette impres-
sion redoublée ; les imaginations ardentes la
saisissent d'autant plus fortement qu'elles en
sont plus vivement émues ; leur surprise même
devient le principe de leur illusion. Si l'impos-
teur a vaincu sur tout, quel argument ! le sort
des combats n'est-il pas encore, pour la multitude ignorante, ce qu'il fut aux siècles de la
barbarie, l'épreuve décisive de la justice des
causes & la voix de Dieu même ?

Ne dédaignons donc pas d'opposer à l'accusation la plus absurde, la réfutation la plus

férieufe. Prouvons que cette confpiration royale n'exifta jamais. Prouvons que, fût-elle véritable, elle n'a pas fourni l'ombre d'une excufe aux attentats dont elle fut le prétexte.

Quelques hommes accufent devant vous, peuple Français, cinquante-deux de vos repréfentans, deux de vos premiers magiftrats, honorés jufqu'alors de votre confiance & de votre eftime, d'avoir confpiré pour le renverfement de la Conftitution que vous aviez commife à leur défenfe, *pour le rétabliffement d'un trône, de privilèges & de vexations mille fois plus odieufes que celle du régime aboli* *). Quelle preuve ont-ils fournie jufqu'à cette heure de ce fait étonnant qui leur a paru devoir légitimer l'infraction de toutes les règles établies & le bouleverfement d'un grand empire?

Ils n'auroient point fuppofé, fans doute, que cette affertion placée dans leur bouche, fe juftifiât toute feule? Ils n'auroient pas imaginé que leur fimple témoignage difpenfât de recourir

---

(*) Voyez le commencement de la Proclamation que le prétendu Corps-légiflatif a adreffée aux Français fur les évènemens du 18 Fructidor.

à d'autres preuves ? Eh ! d'où leur feroit venue
cette étrange affurance ? eh ! quelle feroit ici
votre garantie ? Leur moralité, peut-être ? Qui
oferoit férieufement l'invoquer en France ?
Sont-ce de tels hommes qu'on admet à préfenter leur caractère comme feule caution de
leur parole ? . . . . leur intérêt ? Mais n'étoient-
ils pas nos ennemis les plus ardens & les plus
déclarés ? mais n'étoit-ce pas le befoin de toutes
leurs paffions d'anéantir notre autorité ? mais
ne venoient-ils pas de la renverfer avec violence ? comment fe juftifier , s'ils ne nous accufent ? comment éviter de paffer pour ufur-
pateurs, fi nous ne paffons pour criminels? Eh !
quelle accufation plus naturelle que de nous
traduire devant le peuple comme des confpirateurs royaux ? N'eft-ce pas celle qui difpenfe
le mieux des preuves , qui excite le plus les
haines ? n'eft-ce pas la parole magique qui fait
mouvoir une multitude imbécille ! n'eft-ce pas
l'arme puiffante fans ceffe employée, jamais
ufée par Robefpierre & fes complices ? Voyez
donc , peuple Français , la force de cette dé-
pofition ! ce font des impofteurs reconnus, nos
ennemis déclarés , qui nous intentent l'accufation qu'ils ont le plus d'intérêt à perfuader.

Oh! l'admirable témoignage que celui de l'op-
preffeur contre la victitime! « Je crois volon-
» tiers, difoit Pafcal, des témoins qui fe font
» égorger »; mais croirai-je le témoin qui
égorge & a befoin de juftifier l'affaffinat par
le menfonge.

Auffi, écoutez-les; ils font loin d'en être réduits à leur feule parole; ils ont à vous préfenter des preuves de toute efpèce, nos conciliabules, nos préparatifs militaires, notre caractère connu, notre conduite légiflative. Nous
les fuivrons en détail; nous montrerons leur
nullité; nous prouverons que toutes fe retournent même contre nos accufateurs.

Et d'abord, quel n'eft pas mon étonnement
de ne trouver dans ces pièces fameufes, deftinées à porter au plus haut degré d'évidence
la confpiration de cinquante-deux repréfentans du peuple, que quelques feuilles écrites
de mains étrangères, où quatre d'entre nous
feulement, Pichegru, Imbert, Lemerer &
Merfan font nommés & femblent compromis? Tempérons cette première furprife, &
fans examiner encore quelle relation peut exifter entre ces charges individuelles & la confpiration générale qu'elles tendent à prouver,

essayons d'apprécier la valeur de chacune.

Je dois une première déclaration à cette exacte vérité à laquelle tout cet écrit est consacré. Prévenu d'un sentiment d'estime pour ceux de mes collègues que ces piéces concernent, je n'ai connu particulièrement qu'un seul d'entr'eux ; il me seroit donc impossible de me livrer sur toutes les actions qu'il plairoit de leur imputer à ces affirmations absolues , que ne se permet tout homme sage qu'après la connoissance approfondie d'un caractère & le spectacle de toute une vie. Je suis réduit ici à raisonner sur ces hommes avec la foule des Français ; je ne puis les juger que sur les pièces qu'on me présente & les actes de leur vie qui sont connus de tous.

C'est d'après ces pièces , c'est d'après ces actes, que je dis avec assurance à la Nation entière : Quel est l'homme de bonne foi qui pourroit y trouver un légitime sujet d'accusation contre Pichegru ? Quel est le juge équitable qui condamneroit un citoyen , quel qu'il fut, sur de semblables preuves? — On cite contre lui une conversation du comte de Montgaillard, trouvée dans les papiers de d'Antraigues. Qui nous répond d'abord que cette pièce

ne fût ni fuppofée, ni altérée par ceux qui
l'ont produite & certifiée ? Ne font-ils pas reconnus tous pour les plus zélés partifans de la
faction qui triomphe ? Pourquoi ce fecret fi
important à la Patrie n'a-t-il pas été plutôt
dévoilé ? Pourquoi l'accufation n'a-t-elle paru
que quand l'accufé ne pouvoit plus y répondre ? Ce porte-feuille n'étoit-il pas défigné d'a-
vance comme la fource féconde de toutes les
impoftures ? Doulcet, à la tribune, n'avoit-il
pas prophétifé qu'on en verroit bientôt fortir
une confpiration royale ? Et quand on auroit
en effet faifi un tel papier fur d'Antraigues,
eft-on fûr que d'Antraigues ne fût point trompé par un aventurier qui avoit ufurpé le nom
de Montgaillard, ou qu'il n'en écrivit pas le
récit feulement pour en remarquer l'impofture ? Eft-on fûr que Montgaillard luï-même
fût exactement informé ? Qui ne fait toutes les
idées chimériques dont quelques émigrés fe re-
paiffent ? eft-on fûr qu'il ne créât point à plaifir un roman ? Qui ne connoît le penchant de
plufieurs à accroître leur importance par d'i-
maginaires miffions ? Celui-ci n'eft-il déjà pas
fpécialement connu pour avoir créé des ro-
mans de ce genre, pour avoir attribué aux

Vendéens & à plufieurs autres des écrits qui
n'étoient que le produit de fa féconde imagination ? N'y a-t-il pas le ⋅fimple récit des cir-
conflances évidemment fauffes ? Le lieu de la
fcène eft placé à Altkirck ; le quartier général de Pichegru n'y fût jamais. On fuppofe
qu'il accepte des penfions pour fa femme &
fes enfans ; il n'étoit point marié. Ne règne-t-
il pas dans tout le refte là plus parfaite in-
vraifemblance ? On n'y retrouve ni les habitudes ordinaires des hommes , ni le caractère
connu des perfonnages mis en action. On fe
demande quelle eft donc la légèreté de ce
comte de Montgaillard , lorfqu'il s'avife d'en-
voyer à l'aventure dans le camp Français un
imprimeur Neuchâtelois qui ne connoît point
le général, qui ne connoît perfonne auprès
de lui ; pour lui arracher le fecret de fes plus
intimes penfées. On croit être tranfporté aux
régions de la Féerie , en apprenant qu'à la
première fois que Pichegru apperçoit ce jeune
homme , au milieu de tant de perfonnes qui
l'entouroient & cherchoient à le voir, il le
remarque, il devine qu'il a un fecret important à lui dire , & cherche à lui indiquer un
rendez-vous, en paroiffant caufer à haute voix

avec un général qui l'accompagne. Ici le mer-
veilleux redouble ; Fauche devine à son tour
qu'il a été deviné ; il vole , il arrive , il se
préfente au général ; celui-ci le prévient , l'en-
courage ; Fauche , après un court prélude ,
annonce l'objet de sa miſſion ; & ce Pichegru
qu'on ſait être prudent & réfervé vis-à-vis
de ses propres amis , ce Pichegru ſur lequel
repofoit alors une refponſabilité ſi redoutable ,
à la première parole d'un jeune inconnu , qui
ne lui a pas donné la plus légère preuve de
la miſſion qu'il expofe , fe découvre à lui tout
entier , & ne craint pas de lui manifefter fes
favorables difpofitions.

Certes , voilà d'une part une bien inconce-
vable hardieſſe ! Voilà de l'autre une plus in-
concevable indifcrétion ! Qui eût jamais penſé
qu'une feule minute , qu'un fimple regard euffent fuffi pour nouer la plus importante intrigue entre deux hommes qui ne fe connoiffoient point & devoient être fufpects l'un à
tre ?

Cette correfpondance finit comme elle a
commencé. Quelque foit le fingulier inctinct
qui d'avance difpofoit ſi bien le Prince de
Condé & Pichegru à s'accorder & à s'en-

tendre, le defir que celui-ci a de fervir, le
defir qu'a celui-là d'être fervi, dès le fecond
meffage tous les projets font abandonnés. Le
Prince de Condé qui depuis trois ans combat
réuni aux Autrichiens, qui fonde fur eux tout
fon efpoir, s'en ifole tout-à-coup à tel point,
qu'il préfère ne pas accepter la conquête de
la France offerte par Pichegru, à s'aider de
leur fecours & les affocier à fa gloire. Eh !
lui reftoit-il donc quelque moyen d'opérer
feul cette contre-révolution, l'objet de tous
fes vœux ? En refufant l'appui de Pichegru,
pouvoit-il en attendre d'ailleurs que de ces
puiffances étrangères? ne retomboit-il pas fous
leur dépendance d'une manière mille fois plus
humiliante ? Quel eût donc été dans ce Prince,
à qui perfonne n'a refufé les lumières du fens
commun & quelque élévation dans le caractère, ce facrifice infenfé de tous fes amis &
de tous fes projets à la plus méprifable ja-
loufie ? C'eft cependant fur cette première &
feule difficulté que le projet eft laiffé, que
même fuivant le récit de Montgaillard, toute
communication ultérieure eft rompue. A quel
point il a fallu compter fur la patience & la
crédulité de tout un peuple pour ofer lui pré-

fenter, dans un fi grave procès, de fi ridicules fables !

On cite encore je ne fais quelle correfpondance en chiffres, faifie dans les fourgons d'un
général autrichien, & oubliée depuis long-
temps dans les fourgons de l'armée Françaife.
Ici, les mêmes queftions fe renouvellent. Le
général a-t-il été préfent à l'inventaire de ces
papiers ? les avoue-t-il ? fait-on fi nos ennemis
ne jettoient point eux-mêmes à deffein parmi
nos généraux ces germes de défiance & de
diffention ? les interprêtes qui ont fi laborieu-
fement cherché le fens de ces chiffres, l'ont-
ils enfin exactement rencontré ? n'y a-t-il point
eu d'erreur commife, d'explication hafardée ?
pourquoi attendre que l'homme qu'on défigne
ait les mains liées & la bouche fermée ? pourquoi la dénonciation n'eft-elle partie qu'avec
le canon d'alarme du 18 Fructidor ?

Moreau paroît, il eft vrai, à cette glorieufe
époque, & vient dépofer contre le vaincu.
Son témoignage a frappé d'abord quelques
efprits. Mais remarquez qu'il n'attefte point
un fait qu'il ait vu ; il énonce fimplement un
jugement qu'il a formé ; il a jugé que les in-
dices réfultant de ces papiers, compromet-

toient Pichegru. Or, fa véracité fût-elle in-
conteftable, fon opinion eft-elle infaillible ?
doit-elle invinciblement déterminer la nôtre ?
Lui-même convient qu'il n'y a rien dans ces
papiers qui puiffe fournir une preuve judiciaire.
Quelles font donc ces preuves qui font évidentes pour un particulier, & qui feroient
nulles pour des juges, fur-tout parmi nous,
où la confcience du jury eft la feule règle qui
ferve à prononcer fur les faits. ?

La bonne foi de ce général eft-elle après
tout fi évidente ? Il fut un temps, je le fais,
où la plus honorable confiance l'environna ;
mais que penfer d'un homme qui dénonce fon
ami à l'autorité fuprême, qui le dénonce fans
avoir pris aucune des précautions que fuggère
la délicate & généreufe amitié ? Que penfer
d'un homme qui, depuis long-temps en poffeffion de ces pièces, choifit, pour les annoncer, le moment où elles pouvoient hâter ou
juftifier la révolution fatale qui fe préparoit ;
qui, pendant qu'il fignaloit Pichegru, comme
chef *d'un parti funefte au bonheur de fon pays*,
écrivoit de l'autre à divers perfonnages de ce
même parti, pour les affurer de fon dévouement à leur caufe ? Le moyen de croire un

homme qu'on ne peut eftimer? le moyen de
fe confier à celui qu'on furprend en contradiction avec lui-même, & qui, dans toutes
les fuppofitions, a trompé l'un des deux partis?
Infortuné Moreau, devenu tout-à-coup infi-
dèle à l'amitié comme à la patrie, déchu aux
yeux de tant de Français qui t'eftimoient,
d'une gloire fi touchante & fi pure, fi ton
cœur eft fenfible, que ta deftinée eft à plaindre!

Suffiroit-il au refte de prouver que ces écrits
furent authentiques, que leurs récits furent
véritables, pour être fondé à accufer Pichegru d'avoir trahi la république? qu'y voyons-
nous en effet? Une correfpondance entamée
qui n'a point eu d'effet & de fuite. Qui oferoit affirmer que fon deffein fut de réalifer
tout ce qu'on lui fait dire, qu'il n'eût point
eu le fimple defir de fe ménager dans le camp
des ennemis une intelligence favorable, de
connoître leurs projets, leurs difpofitions &
leurs forces, de les attirer peut-être dans quelque piège? quel général adroit n'eût pas faifi
une ouverture femblable? La facilité avec laquelle il fe livre à un inconnu, la prompti-
tude avec laquelle l'autre parti ceffe toute
communication n'aident-ils pas cette fuppofition?

tion ? En un mot que de fuppofitions fe pré-
fentent avec celle de la défection , & font
auffi probables qu'elle !

N'eft-ce pas enfin la règle de la logique ,
comme le devoir de la bonne foi , de balancer
avec les inductions qui pourroient réfulter de
quelques pièces , toutes les inductions con-
traires qu'offrent & fon caractère connu &
fa conduite publique ? A qui perfuadera-t-on
aifément que cet homme fimple & vrai , qui
fe voua de bonne-heure à la caufe de la révolution, qui la fervit avec tant de franchife ,
qui , au moment où fes lâches accufateurs ,
efclaves ou complices du tyran , ravageoient
l'intérieur de ce bel empire , le défendit au-
dehors , fauva nos frontières entamées , apprit
à nos guerriers le chemin de la victoire , & ,
tempérant fans ceffe la valeur par l'humanité.
fit refpecter une république qu'ils déshono-
roient, ait confenti tout - à - coup , après que
Thermidor avoit lui, lorfque cette république
affranchie de fes oppreffeurs commençoit à mériter de plus fincères hommages , à dépofer fes
anciennes opinions , & à abandonner aux regards de l'Europe , le parti victorieux dont il
fut le héros ?

B

Eh! quel homme extraordinaire feroit donc ce Pichegru? qui auroit déterminé cette étrange contradiction dans fa conduite? L'intérêt? la Hollande avoit mis fes tréfors à fes pieds; il les avoit refufé, & fon obfcure patrie l'avoit revu modefte & pauvre. La gloire? & ne fembloit-il pas toucher à fon comble? & qu'a-jouter aux honneurs d'un homme que la voix publique, en France, proclamoit le plus grand de fes généraux & le plus modefte de fes citoyens? Vils calomniateurs, qui ofez toucher à fes palmes immortelles, qui lui conteftez un patriotifme qu'il prouva par des victoires quand vous ne fignalâtes le vôtre que par des forfaits; eh! que font vos miférables & apocryphes correfpondances auprès de ces irréfragables monumens élevés à Viffembourg, à Fleurus, fur les rives du Rhin, de l'Efcaut, du Vaal, en tant de lieux théâtre de fon courage & de fa gloire? Ah! lorfqu'un jour l'hiftoire racontera le funefte triomphe que vous avez obtenu, elle fe contentera de dire: pour prouver qu'ils avoient fauvé la France, ils furent contraints de fuppofer que Pichegru l'avoit trahie.

Oui, tu avois en effet trahi ce qu'ils ap-

pellent la patrie, généreux Pichegru. Ce jour
où tu te montras auſſi ferme au ſénat, que
tu avois été brave dans les camps ; ce jour
où tu te prononças avec majeſté contre leurs
intrigues, tu ne fus plus qu'un conſpirateur,
tu dus être ſignalé comme un traître. Mais
que ta grande ame ne ſoit point tourmentée
par l'amère penſée que tes concitoyens ayent
pu devenir ingrats envers toi ! que la crainte
de voir ta gloire un inſtant obſcurcie par les
calomnies des méchans, ne trouble point le
calme auguſte que tu conſerves au ſein de l'infortune ! Non ; ce dernier trait manquoit à
tes honneurs, d'avoir été haï par les tyrans
de ton pays & d'avoir été proſcrit pour la
cauſe ſainte de la vertu. Pendant que tu vo-
gues vers le lieu de ton exil, chacun te ſuit
de la penſée, t'accompagne de ſes vœux. On
ſe répète ton nom avec attendriſſement &
reſpect ; on ſe redit que ton cœur ne conçut
jamais aucun deſſein qui ne fût noble & qui
n'eût pour objet le bonheur & la liberté de
ta patrie.

Qu'eſt-il beſoin au reſte d'invoquer ici de
pareils témoignages ? Quand il ſeroit vrai que
ces pièces établiſſent la défection qu'elles an-

B 2

noncent , que prouveroient - elles contre la conduite actuelle de Pichegru , feul objet de l'accufation préfente ? ont-ils donc penfé que perfonne n'en regarderoit la date & l'époque ? Quoi, vous avez à prouver une confpiration actuelle, récente, & vous nous produifez des rapports qui eurent lieu il y a trois ans , dans d'autres circonftances , fur un autre théâtre , & qui, de votre aveu, furent de fuite terminés. Mais de ce que Pichegru général auroit alors prêté l'oreille à quelques propofitions du Prince de Condé, fuivroit-il que Pichegru député ouvrit avec lui des relations nouvelles ? de ce qu'avant l'établiffement de la conftitution il penfoit à fubftituer l'autorité d'un Roi à celle de la Convention nationale, fuivroit-il que fous l'empire de cette conftitution, quand il étoit appelé à la défendre, quand il pouvoit travailler à la perfectionner , il confpiroit pour fon renverfement ?

Enfin , & c'eft ici la réflexion décifive , quand , non-feulement cette défection ancienne , mais une trahifon récente de Pichegru seroit démontrée, qu'avons-nous à faire dans une telle trahifon? Qu'en conclure contre cinquante-trois autres conspirateurs qu'on accuse avec lui ? Où sont les pièces qui les chargent Où sont les preuves que Pichegru nous avoit confié ses desseins, que nous les approuvâmes, que nous y concourûmes ? De quel droit prétend-on établir entre lui & nous cette étrange solidarité ? --- Nous lui donnâmes des marques d'estime ! --- Vos suffrages s'unissoient aux nôtres pour l'élever à la présidence ; il y fut porté pas un accord presqu'unique dans l'histoire de nos assemblées. --- Il vôtoit avec nous dans le conseil ! --- Mais un grand nombre que vous y laissez encore s'unirent à lui par le même rapport. Si cette analogie fut un signe infaillible de complicité, pourquoi ne les enveloppez-vous pas dans une accusation commune ? Eh ! qui oseroit en effet demander compte aux membres d'une assemblée délibérante des actions de ceux dont ils partagent les opinions ? Comment discerner la conduite de tous les hommes de son parti ? Comment, même en blâmant leurs actions, repousser leur suffrage ? Si Pichegru pouvoit être connu, s'il devoit être démasqué, n'étoit-ce pas par vous, lâches calomniateurs, qui possédiez, dites-vous, depuis si long-temps des pièces démonſtratives, & qui cependant, au lieu de les produire, entreteniez notre erreur par votre coupable ſilence, & par les ſuffrages que vous lui prodiguiez vous mêmes.

Voilà pour Pichegru & nos rapports avec lui. Je ne m'arrêterai pas a diſcuter les pièces contre Imbert-Colomès, elles ne méritent pas une diſcuſſion ſérieuſe ; ce ſont des lettres de recommandation du Prince de Condé pour Imbert, que nos véridiques accuſateurs aſſurent avoir été trouvées dans le porte-feuille de Béſignan. Perſonne ne connoît mieux que vous, Lyonnois, ce qu'étoit cette conſpiration Béſignan, dont on ſe ſervit pour troubler chez vous la paix de tant de bons citoyens. Ce fol aventurier qui ſe donnoit pour un agent des Princes a été ſolemnellement défavoué par eux. Seroit-il étonnant qu'il eût étayé par de fauſſes lettres de recommandation un titre imaginaire? Sur le tout, qu'avons-nous à voir dans ces correſpondances particulières ? qui de nous les a même connues ? Eh ! qu'y eut-il jamais de plus ridicule que de rendre un corps-légiſlatif reſponſable, je ne dis pas ſeulement des lettres qu'a pu écrire un de ſes membres mais de celles mêmes qu'il a pu recevoir.

Je me hâte d'arriver à la déclaration de Dunant & à la correspondance faisie chez Lemaître, les feules pièces dont on puiffe affirmer qu'elles appartiennent en effet à ceux auxquels elles font attribuées. Mais d'abord quelle eft donc cette audace de venir encore nous préfenter en preuve d'une confpiration actuellement exiftante, des pièces toutes relatives à des faits paffés, & publiées les unes depuis plus de deux ans & les autres depuis fix mois? Avez-vous pu croire qu'on y verroit autre chofe que ce qu'on y apperçut alors? Si elles avoient en effet quelque force, fi elles défignoient des coupables, fi elles prouvoient leur crime, que ne les avez-vous faifis, frappés, alors que ces pièces tombèrent entre vos mains, alors que vous les publiâtes? N'aviez-vous pas à cette époque tous les moyens de les pourfuivre? La majorité du corps légiflatif ne votoit-elle pas felon vos vœux? Le danger que couroit la République ne vous impofoit-il pas le devoir de mefures efficaces & promptes? Comment donc avez-vous contenu pendant un fi long temps ce zèle de la conftitution qui vous dévore? Comment avez-vous laiffé aux

B 4

coupables, en leur donnant l'éveil, la facilité
de se souftraire? & le moyen de croire en effet, qu'après le secret de leur intrigue dé-
voilée, ils euffent continué à travailler sur le
même plan? Impofteurs! qui ne voit, que
vous ne trouvâtes alors dans ces pièces aucun
fondement d'accufation légitime, que le befoin d'une caufe d'iniquité vous les fait feul
reproduire, & que notre premier témoin contre vous, c'eft vous-mêmes?

Je les relis cependant ces feuilles célèbres,
& mon étonnement redouble en les lifant,
& je me demande de nouveau de quel front
on a pu préfenter à une nation éclairée de
femblables témoignages. Ce font quelques chiffons trouvés cher Lemaître, adreffés on ne fait
par qui, ni à qui, ne difant pas un mot du
complot actuel, ne dénonçant pas un feul d'entre nous, ne racontant aucuns faits, ne renfermant que les vagues opinions & les rêves
de je ne fais quel mauvais politique, qui ne
mériteroit pas même l'honneur d'être perfonnel-
lement compromis par eux. C'eft ainfi qu'en a
jugé la Convention nationale, en admettant
fans difficulté la juftification de Doulcet, l'individu le plus chargé par cette pièce; c'eft ainfi

qu'en a jugé le prétendu corps-légiflatif lui-
même en le rayant de la lifte des déportés,
fur la feule mention qui fut faite de cette ancienne décifion (*).

Je vois enfuite une longue délation, l'ouvrage d'un homme auquel l'efpoir d'un falaire,
ou la crainte de la peine ont arraché le fecret
d'une caufe qu'il dit être la fienne, qui viole
tous fes fermens, qui trahit tous fes amis, d'un
homme qui commence par s'annoncer pour
un infâme & fe vouer au mépris de tous les
partis. Quel témoin ! un tel homme, fans doute
doit être aveuglément cru fur fa parole ! Il
ne peut être foupçonné d'avoir exagéré les faits
pour accroître le mérite de fa trahifon ! il ne
peut être foupçonné d'avoir compromis des
individus innocents pour le feul befoin de fa
vengeance ou l'intérêt de quelques féductions
nouvelles !

Et quelle infignifiante délation cependant !
il annonce l'efpoir que les royaliftes fondent
fur une portion du corps-légiflatif & fur les
élections prochaines ; comme fi les idées dont

(*) Voyez dans le Moniteur le détail de la féance
tenue à l'Odéon, le 18 Fructidor,

fe nourriffent des hommes dont le befoin fut toujours de fe flatter, & qui habitèrent fi long-temps dans le pays des illufions, pouvoient ici fervir de régle ; comme fi une efpérance fut jamais la preuve d'un fait à venir, un projet, la démonftration de fa réuffite ; il parle de la réunion de Clichy, & il confeffe n'en con-noître aucun membre, & il avoue n'avoir pas fu quels étoient ceux qui étoient difpofés à appuyer fa caufe, & il défigne pour feuls in-termédiaires entre ce pareil & lui, Lemerer & Merfan : Lemerer qui alloit rarement dans ces réunions, Merfan qui alors exclu par la loi du 3 Brumaire ne pouvoit y paroître. Il les cite, fans expliquer quand, dans quels lieux, devant quels témoins il les a vus ; il les cite, & fon imprudente affertion eft la feule preuve qu'il en apporte, ainfi fe termine cette délation fameufe, d'où ne réfulte pas même contre un feul individu une charge qui mé-rite l'attention d'un homme fenfé.

Voilà cependant toutes les pièces que le Di-rectoire a jufqu'ici produites ! Voilà l'étrange dénuement où il fe trouve réduit au fein d'une fi vafte confpiration ! & quoique tous les jours il promette de nouvelles pièces que je lui promets d'expliquer à mon tour, quoique les directeurs & les légiflateurs s'encouragent mutuellement à en accélérer la fabrication, ils n'ont pas ofé les tirer encore en cet inftant où j'écris de l'attelier d'iniquité où elles fe préparent, de cet attelier où Merlin, qui doit comprendre ce que je veux ici dire, livrant à fes commis quelques papiers informes, leur ordonne de les travailler en confpiration royale, fous peine du châtiment terrible qu'a fubi l'un d'entr'eux.... Remarquez bien Français, toute la force de l'induction qui en réfulte pour nous & contre eux. Quelle preuve, que cette abfencè de preuves ! Quelle éloquence que ce filence ! Eh ! quoi, fi cinquante-deux repréfentans avoient confpirés, que de traces écrites n'auroient pas dû demeurer de leur confpiration ? Seroit-il croyable qu'aucun efpion ne les eût furprifes, qu'aucun complice ne les eût livrées, feroit-il croyable, que, fur-tout après la découverte du complot, quand leurs ennemis victorieux maîtrifoient tout par l'efpérance ou la crainte, la profcription, le malheur, qui fuffit d'ordinaire pour créer des dénonciateurs à l'innocent, n'eût pu faire paroître un feul témoin contre les coupables ?

Encore une fois, quelle innocence que celle de cinquante-quatre proscrits à qui le calomniateur, dans sa toute puissance, n'a pu opposer d'autres écrits que les rêves d'un aventurier & les mensonges insignifians d'un traître !

« Mais au défaut de témoignages écrits, » il existe, ont-ils dit, des traces matérielles » & vivantes du complot. Les conspirateurs écrivoient peu, mais ils agissoient sans cesse ; » ils avoient un lieu convenu de réunion ; ils » s'y rassembloient souvent ; ils alloient à Cli-» chy ». *A Clichy !* ne leur en demandez pas davantage, ne les pressez pas pour savoir ce que nous pûmes y faire, ou y dire. N'attendez d'eux ni détails, ni lumières, sur les séances de cette réunion. *Nous allions à Clichy* ; ce seul mot doit vous suffire. Eh ! ne le savez-vous pas ? La première maxime du grand art des révolutions, c'est de créer certains mots qui, quoique vuides de toute signification en eux-mêmes, puissent éveiller dans l'imagination ardente & foible de la multitude, une foule d'idées d'autant plus efficaces qu'elles font plus indéterminées & plus obscures ? C'est l'empire des ténèbres que les enfans peuplent de

mónftres & de fantômes ; c'eſt le ſecret de ces
terribles paroles , avec leſquelles la Sybille ou
la Pythoniſſe effrayoient les nations , boule-
verſoient les empires , & dont la force ſuffi-
ſoit ſeule pour réaliſer les prédictions dont elles
renfermoient l'annonce. Nos révolutionnaires
de Fructidor n'avoient point oublié l'heureux
parti que leurs prédéceſſeurs avoient conſtamment tiré de ce pouvoir magique des ſignes ſur
l'imaginationdes hommes. Il leur falloit auſſi
un ſigne , un ſigne nouveau ; *Clichy* a été ce
ſigne ; *Clichy* répété ſur un ton d'oracle, *Clichy* placé à la tête de toutes les prédictions
funèbres , *Clichy* aſſocié *à la miſere des rentiers*,
aux *calamités de la guerre* , aux *maſſacres de républicains* ; *Clychy* ſans ceſſe entouré de fantômes de *Pitt*, de *Condé*, & du *Roi Blanken-
bourg*, eſt devenu dans leurs mains le grand
épouvantail de la multitude imbécille.

Subſtituons a ces ridicules chiméres un tableau rapide des cauſes qui donnèrent naiſ-
ſance à la ſociété de Clichy & des fins auxquelles elle étoit deſtinée.

Clichy fut inſtitué dès la ſeſſion précédente ,
& pluſieurs de ceux là même , qui ſont aujourd'hui nos adverſaires , concoururent à ſa

formation. Le Corps-légiſlatif étoit alors, comme toute aſſemblée délibérante, diviſé en deux partis rivaux qui ſe diſputoient la prééminence. L'un de ces partis ſe raſſembloit régulièrement à l'hôtel de Noailles, pour diſcuter les meſures qu'il avoit à propoſer au conſeil. Il cherchoit tout enſemble à s'éclairer ſur ſes intérêts par la variété des opinions, & à ſe fortifier par l'unité de la marche. L'expérience des aſſemblées lui avoit appris quelle ſupériorité auront toujours des hommes qui conſultent entr'eux, ſur des hommes bornés à leurs lumières individuelles, & ceux qui s'uniſſent en corps ſur ceux qui agiſſent à part. Le parti contraire de ſuivre ſon exemple. Il voulut balancer, par des moyens ſemblables, la force qu'il tiroit de cette inſtitution. L'hôtel de Clichy fut le lieu où ils s'aſſemblèrent. Là, une minorité intelligente & courageuſe, preſſant ſes rangs, ſoutint l'effort d'une majorité corrompue, devint quelquefois la majorité même, & fit pendant ſeize mois une campagne défenſive, dont la ſageſſe fut admirée par les politiques, & dont la France doit conſerver la mémoire avec recommandation.

Les nuances qui caractériſoient ces deux

partis dûrent promptement déterminer le choix
des députés en germinal. L'ancien club de
Noailles, renfermant dans fon fein les débris
du jacobinifme, fe déclaroit le défenfeur de
toutes les loix revolutionnaires qui entouroient la conftitution à fon origine, & en con-
tredifoient l'efprit & le texte. La conftitution,
mais la conftitution feule étoit le mot de ra-
liement à Clichy. Renforcé d'un grand nombre
de membres du nouveau tiers, cette réunion
acquit plus d'influence, fans changer de nature. On continuoit à y délibérer fur les moyens
d'affurer l'exécution littér..le de l'acte conftitutionnel; on y difcutoit les opinions et la
conduite des candidats pour les élections que
le corps légiflatif avoit à faire; on cherchoit
à oppofer quelqu'obftacle à cette faction dé-
teftable qui déjà commençoit à laiffer entrevoir fes deffeins, et menaçoit d'opérer la diffolution de la Repréfentation Nationale.

Telle eft l'hiftoire fidèle de la réunion de
Clichy. Mais qu'eft-il befoin d'en retracer les
détails ? Quoique nos ennemis puiffent inven-
ter ou dire fur fa nature ou fes projets, je n'ai
que deux queftions très-fimples à leur adreffer.
Ils veulent que la réunion de Clichy ferve de

preuve à la grande confpiration dont ils nous
accufent. Cela ne peut s'entendre que de deux
manières : ou que tous les membres de Clichy
fuffent dans le fecret du complot, ou que ce
fecret n'appartint qu'à un petit nombre qui fe
fervoit de la fociété comme d'un inftr..ment
pour leurs projets.

Diront-ils en premier lieu que tout Clichy
fut complice de la conjuration., et ne s'affem-
bloit que pour délibérer fur les moyens d'exécution? Mais alors ils auront à nous apprendre pourquoi , fur plus de 200 membres du
corps-légiflatif qui ont affifté à ces réunions
45 à peine ont été dénoncés par eux comme
confpirateurs ; pourquoi les autres demeurent
impunis ; pourquoi un grand nombre fiège
encore dans leur fein ? Ils auront à nous apprendre pourquoi ils en ont frappé plufieurs
qui n'y allèrent jamais, ou y parurent à peine.
Pichegru, Villot qu'ils défignent comme nos
chefs, ne s'y montrèrent qu'une fois ; Por-
talis, Siméon , Tronçon-du-Coudray & plufieurs autres , s'en tinrent conftamment écartés. Paroître à Clichy ne fut donc pas de leur
aveu, le figne propre des confpirateurs. D'ailleurs ces réunions de Clichy furent-elles fe-
crettes ?

crettes? le lieu, le jour, l'heure, n'en étoient-
ils pas marqués? n'y admit-on pas tous ceux
qui fe préfentoient? une foule d'indifcrets n'y
parvinrent-ils pas eux mêmes? le réfultat de
chaque féance n'étoit-il pas connu le lende-
main au Directoire? les journaux ne l'appre-
noient-ils pas au public? Quelle abfurdité que
des conjurés euffent ainfi délibéré à la face
de tout Paris! quelle abfurdité qu'ils y euffent
délibéré fur-tout d'une confpiration royale!
& comment de tant de difcours tenus, de ré-
folutions prifes, devant un fi grand nombre
de témoins, n'auroit-on rien recueilli, conf-
taté, qui pût, je ne dis pas la prouver, mais
feulement l'indiquer?

Diront-ils plutôt que Clichy ne renfermoit
dans fon fein que quelques confpirateurs qui
dirigeoient la fociété fans lui communiquer
leurs plans? qu'ils nous révèlent d'abord comment ils ont fu qu'il exiftoit un complot à
Clichy, comment ils en ont connu le fecret,
comment à la diftance où ils fe tenoient de
nous, ils l'ont deviné mieux que tant d'hommes de bonne foi qui s'y rendoient tous les
jours, &, de leur aveu, ne s'en doutèrent
jamais. Qu'ils nous citent leurs auteurs, qu'ils

C

nous produifent les dénonciations qu'ils re-
çurent. Pourquoi ceux qui couvrent les murs
d'une faftidieufe & infignifiante collection de
chiffons trouvés chez Lemaître, nous cachent-
ils ces pièces, les feules qui puiffent fervir de
fondement à leur caufe ? Je fuppofe que le complot exiftoit. Qu'ils nous montrent enfuite comment il ont appris à difcerner au milieu de
cette foule de Députés, les véritables dépofi-
taires du fecret, ceux qu'ils appellent les meneurs ; comment ils fe font douté que plufieurs
qui préfidoient, qui parloient à Clichy, qui
paroiffoient y exercer de l'influence, n'étoient
pas les coupables ; & que d'autres qui n'y par-
lèrent jamais, qui ne s'y firent remarquer de
perfonne, étoient pourtant les chefs myfté-
rieux de la conjuration. Où eft le trait carac-
tériftique qui leur fervit à les difcerner? Enfin,
& c'eft ici le grand problème, qu'ils nous ex-
pliquent comment ces meneurs, aujourd'hui
profcrits, entre les mains defquels ce Clichy
fut une arme fi puiffante, confentirent à fa
diffolution, la provoquèrent eux-mêmes, &
cela, à l'époque où le befoin en étoit fans
doute plus preffant, un mois avant le terme
qu'on affigne au développement de tous les
complots.

Oui, telle fut notre bonne foi, telle étoit
notre difpofition fincère de faire exécuter la
conftitution exiftante, que lorfque des clubs
commençant à fe former de toutes parts, &
menaçant d'attenter à la tranquillité de l'Etat,
nous fentîmes le befoin d'une loi générale
contre les fociétés politiques, quoiqu'ici l'exception fut de droit, quoiqu'il n'y eût aucun
rapport entre des réunions formées par les membres du corps-légiflatif pour préparer le travail de l'affemblée, & s'aider d'une difcuffion
plus profonde dans les fonctions auxquelles ils
étoient appelés par le peuple, & des cercles
formés par des individus qui, ne concourant
point à la rédaction des loix, & n'ayant qu'à
leur obéir, ne puifoient dans leur difcuffion
qu'un efprit contraire à l'ordre public ; cependant, nous ne voulûmes pas laiffer par notre
conduite le plus léger prétexte à l'ignorance
ou à la prévention ; nous-mêmes, pour arrêter de dangereufes entreprifes, nous facrifiâmes
une utile fociété ; nous-mêmes pour éteindre
les haines des partis, nous confentîmes à diffoudre cette fainte phalange que nous formions
autour de l'arche conftitutionnnelle. Jugez à ce
trait, peuple Français, la droiture de vos re-

préfentans fidèles! que ne fîmes-nous pas pour
aller au devant d'eux , & les engager à laiffer
de criminels deffeins ? que ne fîmes-nous pas
pour leur prouver que nous ne cherchions dans
ces réunions que des moyens de réfiftance ,
& jamais les moyens de l'attaque ? Nous ofâmes efpérer que ces farouches efprits s'adou-
ciroient ; nous ofâmes croire qu'il y avoit parmi eux quelques amis de la vérité & de la
paix. Ah ! s'ils avoient eu en effet quelque bonne
foi , fi , comme ils le prétendent , ils ne vou-
loient eux-mêmes que défendre la conftitution
& fervir la patrie , ce trait de notre conduite
les eût à jamais défabufés. Ce jour là eût vu
difparoître toutes les factions , & au lieu de
profiter de notre générofité même pour nous
abattre, au lieu de répondre par la perfidie à
notre franchife , ils fuffent venus , oubliant
toutes les haines , fe confondre avec nous , &
fe rallier fous un commun étendard.

Ils allèguent enfin, comme la dernière preuve
matérielle de notre confpiration, les préparatifs
militaires de nos commiffions des infpecteurs.
Ils vous difent que le Directoire devoit être
attaqué par nous , la nuit du dix-neuf fructidor , que les armes étoient préparées , les

cartes diftribuées ; les fignes de ralliement con‑
venus , qu'on a trouvé dans la nuit du dix‑
huit plufieurs membres des deux confeils réu‑
nis , à 4 heures du matin , à la commiſſion
des infpecteurs de la ſalle des Anciens , pour
organiſer toutes les meſures hoſtiles.

Je commence par déclarer , pour ma part ,
n'avoir jamais eu la moindre connoiſſance , ni
de ces cartes, ni de ces fignes , ni de ces en‑
rôlemens , ni de ces dépôts d'armes. Mais je
ne veux point que ma déclaration faſſe même
ici l'ombre d'une preuve. Je vais plus loin : je
fuppoſe un inſtant la vérité de tous ces faits
qui m'étoient inconnus. Des hommes étoient
enrôlés , armés , difpoſés ; ſoit : Qu'en con‑
clure ? où eſt la démonſtration qu'ils étoient
préparés , comme on le dit , pour agir la nuit
ſuivante (* ? où eſt la preuve qu'ils étoient

(*) Il eſt beſoin d'obſerver ici pour ceux qui, dans
les grands évènemens , ſont curieux de connoître les
détails , que le Directoire avoit en effet projetté de
ſe faire attaquer dans la nuit du 17 au 18. Un méſen‑
tendu (car on ne peut ſonger à tout dans ces mo‑
mens où l'on ſauve la patrie) fut cauſe que l'attaque
n'eut pas lieu. Cependant la proclamation du Direc‑

deſtinés pour l'attaque, & non pour la ſimple défenſe? des moyens de défenſe nous étoient-ils interdits? La crainte d'une attaque devoit-elle paroître chimérique? Eh! quoi! depuis pluſieurs mois, le deſſein de nous renverſer étoit formé : les moyens s'en préparoient aux yeux de tous; des troupes avançoient ſur divers points, violoient l'enceinte conſtitutionnelle, annonçoient hautement l'objet de leur marche; les Directeurs inculpés ne donnoient qu'une vague & évaſive réponſe; des miniſtres

---

toire étoit sous presse, son siège étoit fait comme celui de l'abbé de Vertot. Elle fut affichée au point du jour, elle racontoit l'attaque de la nuit ; et Paris fut fort étonné d'apprendre, en s'éveillant, que les *avant-postes du Directoire avoient été forcés*, tandis que les plus près voisins ne s'en étoient pas même doutés. Aussi renonça-t-on à celte prise de poste, et jugea-t-on plus convenable de rectifier par forme d'errata, la faute d'orthographe, en disant que le Directoire devoit être attaqué seulement la nuit suivante. Ce n'étoit que le léger changement du passé au futur.

Lisez dans tous les journaux la proclamation du Directoire-Exécutif, aux Français, publiée le dix-huit Fructidor au matin.

dont la fidélité étoit connue, étoient remplacés
par des hommes dont la feule apparition pré-
fageoit tous les malheurs ; des miliraires dé-
guifés, des jacobins déclarés accouroient, les
uns des armées, les autres des départemens ;
on favoit ce qui fe paffoit dans leurs ténébreufes
réunions ; on étoit inftruit qu'ils étoient man-
dés par un Directeur, foudoyées par lui, dans
l'attente d'une prochaine révolution ; un fyftême de diffamation contre les deux confeils,
organifé à Paris, étendu dans les armées, les
avoit excitées à de féditieufes & innocentes
menaces ; dans leur aveugle tranfport, elles
avoient parlé de diriger leurs armes contre
les Légiflateurs de leur patrie ; le Directoire
fommé d'indiquer les mefures qu'il avoit prifes
pour réprimer cette audace, ne faifoit que la
juftifier dans fes menfonges, & prouver fa complicité ; Augereau, le principal auteur de ces
adreffes, qui les fit figner à des foldats trompés, qui les porta lui-même à Paris, venoit
de recevoir, pour prix de fon crime, le com-
mandement des troupes dans cette ville ; tous
les journaux, tous les pamphlets de la faction
fignaloient le mouvement qui fe préparoit :
» Encore quelques jours, & ceux qu'ils nom-

» ment les conspirateurs seront anéantis ; en-
» core quelques jours, & ce qu'ils appellent
» liberté sera sauvée » ; Le président du Directoire, lui-même, dans un discours solemn-
nel, ne craint pas d'indiquer les projets qu'il
médite ; mille avis secrets émanés de tout ce
qui entoure les Directeurs & les Ministres,
annoncent une prochaine explosion ; on varie
sur les détails, on diffère sur le jour, mais on
assure que la Représentation Nationale sera
dissoute, ses membres les plus énergiques sa-
crifiés ; un long & terrible retentissement se
fait entendre au loin & se répète de toutes
parts ; enfin le jour fatal approche ; un train
d'artillerie arrive à l'Ecole militaire ; les sur-
veillans qu'employoient les inspecteurs des deux
conseils sont arrêtés ; la joie des jacobins éclate ;
les prédictions se multiplient ; tous ces som-
bres & infaillibles avant-coureurs des révolutions se produisent en foule ; & au sein de
tant d'espérances & d'alarmes, lorsqu'il n'est
plus un jacobin qui ne compte sur le prochain
triomphe du Directoire, pas un honnête citoyen qui ne redoute un prochain assaut contre les deux conseils, ce Corps-législatif dé-
positaire de toutes les espérances & les desti-

nées de la Nation, auroit été condamnable de
prendre à l'avance quelques précautions de
fûreté pour fe maintenir dans le pofte où l'a-
voit placé le peuple, pour faire refpecter l'inviolabilité de fes membres & l'indépendance
de fon autorité! Il auroit été condamnable de
rechercher de bons & de loyaux citoyens qui
fe feroient offerts pour renforcer fa garde trop
foible pour le nombre, trop fufpecte pour la
fidélité, & pour fe battre au plus beau pofte
qu'un républicain doive connoître, autour
d'une Repréfentation Nationale attaquée par
des affaffins! Et lorfqu'enfin, dans cette nuit
défaftrueufe, les deux commiffions des Infpecteurs, fpécialement chargés de veiller à notre
défenfe & d'obferver nos ennemis, eurent appris que tout étoit prêt à l'Ecole-militaire &
à l'Etat-major pour la fatale expédition; lorfque le canon fe répondant de Sève & de Ver-
failles, en eût donné le fignal; lorfque les dé-
tachemens des troupes traverfoient les rues en
filence; lorfque la tête des ponts étoit déjà oc-
cupée par elles; lorfque la barrière facrée venoit d'être franchie, lorfque cent bouches à
feu menaçoient de vomir la mort, il ne nous
eût pas été permis feulement de nous réunir

auprès de la commiſſion de nos inſpecteurs pour aviſer aux moyens de la plus légitime défenſe ! il ne nous eut pas été permis de recevoir nos défenſeurs, de leur diſtribuer des armes, que dis-je ? de monter nous-mêmes à cheval, d'appeller à notre ſecours tous les bons citoyens de Paris, de fondre à leur tête ſur ces phalanges parricides? Et ſi le ſang eut coulé, ſi des milliers de leurs ſoldats euſſent été ſacrifiés, ſi les Directeurs fuſſent eux-mêmes tombés ſur les marches de leur palais, ils auroient pu nous le reprocher ! ils auroient fait autre choſe que nous accuſer de l'attentat qu'ils avoient commis eux-mêmes !

Eh bien ! l'évènement l'a prouvé, il l'a prouvé ſans réplique ; toutes ces précautions naturelles, légitimes, nous ne les avions pas même priſes (*). Ces armes que nous devions avoir, elles n'étoient nulle part ; ces hommes que nous devions tenir prêts, ils n'exiſtoient pas ; *cinq* hommes nous avoient été laiſſées pour les convoquer ; pas un appel n'a été fait,

---

(*) Dans l'écrit que j'ai annoncé, j'expliquerai la conduite du conseil.

pas un citoyen n'a paru pour nous défendre, & tous ces grands conſpirateurs ſe ſont trouvés aux mains de leurs ennemis, ſans qu'un ſeul acte de réſiſtance ait été tenté par eux ; & Pichegru, Willot, réunis à nos inſpecteurs, tranquilles au poſte que leur aſſignoit la loi, oppoſoient avec confiance la ſeule conſtitution au fer parricide dirigé contre leur ſein ; & Paſtoret, à la tête de quatre-vingt députés, & le vénérable Marmontel, à la tête de cinquante réclamant les droits de la Repréſentation Nationale, preſque ſous les pieds de la cavalerie qui les chargeoit, furent les ſeules phalanges que nous déployâmes dans ce jour qu'ils ont nommé le jour de leurs dangers & de leur gloire.

Quel homme ſenſé, après de pareils faits paſſés aux regards de toute la France, pourroient s'arrêter encore à cette ridicule fable de notre conſpiration royale ? Qui pourroit appercevoir ici d'autre conſpiration que la franche aggreſſion de quelques rebelles, pour diſſoudre, à main armée, la Repréſentation Nationale, & ſubſtituer au règne de la Loi, celui de leur inſolente volonté ? Ne dédaignons pas cependant de les écouter encore. Répon-

dons patiemment , longuement à tout , &
achevons d'éclairer jusqu'au fonds cet abyme
d'impostures.

Hors d'état, comme on l'a vu , de fournir
des pièces, & de produire des témoins qui at-
testent l'acte même de la conspiration, démentis
au contraire par tous les faits & tous les témoins, ils ont cherché à suppléer à la preuve
légale par des inductions morales. Ils prétendent les tirer de notre caractère & de nos opinions. Il y avoit parmi nous, disent-ils, des
Emigrés rentrés ; des royalistes connus, que
l'intérêt de l'ambition , que le fanatisme de
l'opinion attachoient à la monarchie , & devoient engager dans une conspiration royale.
Etrange manière sans doute d'argumenter dans
une accusation si solemnelle qui embrasse de
si graves intérêts , & qui requiert un si haut
degré d'évidence! peut-être il fut utile à certains hommes de conspirer ; donc ils conspi-
rèrent en effet : peut-être ils conçurent le désir ;
donc ils passèrent à l'exécution. Quelle honte
d'en être réduits à de pareils argumens ! quelle
logique révolutionnaire ! Mais , admettons
qu'une telle induction soit permise ; voyez encore comme ils tirent une conséquence vi-

cieufe du fait qu'ils fuppofent ! comme ce fait lui-même eft gratuitement & impudemment fuppofé par eux ! Et d'abord ils concluent mal du fait qu'ils ont avancé. Ils ont dit qu'il y avoit parmi nous quelques hommes évidemment intéreffés au triomphe du royalifme. Eft-ce donc affez ? ne falloit-il pas le démontrer de tous ? car tous n'ont-ils pas confpiré ? & comment confpirer fans s'accorder & s'entendre ? & s'il en étoit un feul qui n'eût point de motif pour rétablir la Royauté, qui eût au contraire de preffans motifs pour s'oppofer à fon rétabliffement, ne voyez-vous pas que le concert néceffaire à une confpiration eft rompu, que non-feulement celui-là n'y peut plus concourir, mais qu'il la fait évanouir ?

Or, qu'il y en eût au moins un de cette claffe, qu'il y en eût plufieurs fur les liftes de profcription, qui auroit le courage de le nier ? qui ne les a préfentes ces liftes fameufes ? qui ne fe rappelle avec quelle aveugle rage ils les ont rédigées, comme ils y ont confufément jetté les noms de tous leurs ennemis ? comme ils y ont affemblé les êtres les plus étonnés de fe trouver enfemble ? O les noms bien choisis en effet pour figurer dans une confpiration royale ! O l'admirable affortiment d'émigrés,

de royaliſtes & de fanatiques : Carnot, Barthélemy, Cochon, pluſieurs membres de la
Convention nationale . . . . . !

Quoi ! il étoit ſi preſſé de rappeler un Roi
ſur le trône, ce Carnot qui s'étoit aſſis à sa
place, cet ncien membre du Comité de ſalut
public, ce vétéran fameux de la révolution,
qui, parvenu à la première dignité d'une République dont il prépara les victoires, voyoit
les ambaſſadeurs de tant de cours s'abaiſſer devant ſa pourpre ! .

Quoi ! il s'aſſocioit aux conpirations royales
ce miniſtre Cochon, qui les dénonçoit, qui
produiſit ces pièces mêmes de Dunant, qu'on
oſe nous oppoſer aujourd'hui, qui livra au
public, dans une ſeule conſpiration, le ſecret
de toutes les conſpirations !

Quoi ! ils préparoient avec nous le procès
de la révolution, ces anciens conventionnels
qui lui avoient donné tant de gages de leur
inflexible attachement, qui s'étoient unis à sa
cauſe par tous les nœuds de l'intérêt & de l'o-
pinion, & dont la conduite paſſée répondoit
ſi bien des principes futurs !

Quoi ! il vouloit auſſi le renverſement de
la conſtitution, ce Barthélemy, que la conſti-

tution même, en récompenfe de fes longs fervices, venoit d'environner d'une gloire fi douce;
cet homme connu dans l'Europe par la modération de fon caractère, chéri d'une nation
amie qui ne prodigua jamais fon eftime ! Et
entendez encore, en ce moment même au milieu des cris de la calomnie, un cri unanime
arraché par la reconnoiffance & la juftice,
s'élever de la Suiffe toute entière, pour attefter
fon zèle & démentir les accufations qu'ont di-
rigées contre lui fes lâches perfécuteurs ! quelle
probabilité, difons mieux, quelle poffibilité
que de tels hommes ayent trempé dans le complot que l'on fuppose ? qu'y avoit-il de commun entre eux & des conjurés royaliftes ? comment s'entendre ? comment s'unir ? & quelle
main favante eût donc rappelé tant d'élémens
difcordans à l'harmonie qu'exigeoit une confpiration fi profonde ?

Mais je vais plus loin, & je dis que même
il n'eft pas vrai qu'il y eût parmi nous des
hommes véritablement intéreffés à une confpiration royale; je dis que loin qu'on ait pu
en réalifer l'exécution, on n'a même pu en
concevoir la penfée.

Il y avoit parmi nous des émigrés, difent-ils,

comme fi d'abord des émigrés rentrés dans leur patrie, rétablis dans leurs propriétés, devoient conferver encore & les intérêts & les habitudes de la claffe infortunée dont le fort les tire ; comme fi l'on ne favoit pas enfuite ce que vaut cette imputation d'émigration dans les bouches menfongères qui la prononcent. C'eft-à-dire, peuple Français, que trois ou quatre repréfentans qui ne quittèrent jamais leurs foyers, fe trouvoient infcrits fur ces liftes fatales où la vengeance & la cupidité entaffèrent tous les noms qu'elles eurent intérêt à profcrire ; c'eft-à-dire que quatre ou cinq autres, après le 31 Mai, à l'époque de la plus affreufe terreur, cherchèrent un afyle fur le territoire de l'étranger Eh ! qui d'entre eux craindroit de l'avouer ? où font les loix qui les condamnent ? quelle eft l'opinion qui les accufe ? Un Louvet ne fe réfugia-t-il pas en Suiffe, un Tallyrand en Angleterre ? & pour citer de plus nobles exemples, qui d'entre vous, Lyonnois, ne chercha point à dérober fa tête à la hache du bourreau ? On nous appelle émigrés à ce titre ! oh ! la belle émigration ! oh ! l'honorable profcription ! & c'eft ainfi que nos droits eux-mêmes à la confiance du peuple

font

devenus les prétextes pour nous calomnier auprès de lui.

Il en étoit au moins, ajoutent-ils, qui s'ils
n'avoient pas ce caractère d'émigrés, étoient
dévoués par ambition à la royauté. Je vou-
drois bien savoir quel étoit donc ce profond·
calcul qui avoit pu les séduire. En quoi ces
membres des nouveaux tiers, qu'ils veulent
ici désigner, avoient-ils tant à se plaindre du
régime nouveau, tant à regretter l'ancien ?
étoit-ce à eux qu'appartenoient autrefois les
dignités importantes ? étoit-ce à eux qu'eussent
été destinées pour l'avenir, au milieu de tant
de nobles, d'émigrés, de serviteurs plus anciens & plus éprouvés, les récompenses &
le pouvoir ? N'étoit-ce pas leur classe qu'une
révolution devoit favoriser ? Ne furent-ils pas
les individus qui recueillirent les plus doux fruits
de la constitution ? Ils se voyoient sous un régime de liberté, entourés d'une touchante po-
pularité, portés par les vœux libres de leurs
concitoyens à la tête du premier Empire du
monde, placés dans la carrière la plus favorable à l'effor de tous les talens, au déploye-
ment de toutes les ambitions. Et pour vous
parler de vos seuls députés, Lyonnois, je vous

D

Je demande , s'il y eût jamais quelque fierté dans mon cœur , quelque goût d'une véritable gloire , qu'avois-je à attendre d'un Roi , dans fa toute-puiſſance , qui me valut l'honneur que vous me fites ce jour , où exerçant vos droits conſtitutionnels , vous m'accordiez vos ſuffra-ges , & m'envoyez au Sénat y repréſenter une ſi noble portion du peuple Français ?

On parle des fédu&ions de l'intérêt ! n'étoit-ce donc point d'ailleurs un intérêt pour ces hommes nouveaux , peu connus dans une ré-volution où leur cara&ére modéré ne les fit que témoins ou vi&imes , de ne point expoſer dans des révolutions nouvelles , & leurs per-ſonnes & leurs fortunes , & ces habitudes de repos dont ſe compoſoit leur bonheur ? N'é-toit-ce point un intérêt pour ces hommes aux-quels leurs plus féroces ennemis ne conteſtè-rent pas au moins quelque douceur dans les mœurs , quelque probité dans le cara&ère , de ne point abandonner dans cet honorable poſte leur conduite politique à l'influence des plus lâches fédu&ions ? & malheur à qui , poſant la main ſur ſon cœur , ne le ſent pas ſe ré-volter à la penſée de cette honteuſe vénalité de tant d'hommes , réputés juſqu'alors irréprocha-bles ?

Que fi, pour nous faire plus d'honneur, ils nous fuppofent mus de bonne foi par un fanatifme royal ou religieux, nous pourrions fans doute ne répondre à une affertion fi gratuite que par le plus formel démenti ; nous pourrions nous taire fur ces opinions , en attendant qu'ils en fourniffent quelques preuves, en attendant qu'ils en offrent des gages d'une autre efpèce que l'affertion de ce journalifte Anglais foldé par notre gouvernement', qui m'attribuant une ridicule importance, me préfentoit comme l'efpoir des émigrés & des prêtres , & qu'un Bailleul a bien eu l'impudeur de m'objecter à la tribune , lorfque je n'étois plus là pour lui répondre. Mais , non ; j'en parlerai de ces opinions, j'irai au-devant d'eux ; moi-même je vous dénoncerai , peuple Français, le royalifme d'un petit nombre de vos repréfentans. Eh ! pourquoi le taire ? Oui , il pouvoit fe trouver parmi nous quelques royalifres d'opinions ; il pouvoit s'y trouver quelques hommes, qui méditant dans le filence du cabinet fur notre Conftitution nouvelle, croyoient y appercevoir quelques imperfections , qui foupçonnoient, qu'un pouvoir exécutif placé dans les mains d'un feul homme , pourroit ac-

quérir plus d'activité, plus de dignité, plus de
cette force morale qui économife la force politique, & qu'une telle réforme, loin de fapper la liberté, la pofoit fur fes vrais fonde-
mens. Eh bien! qu'en conclure? Où les con-
duira cet aveu? Une telle opinion eft-elle contraire à la Conftitution? Suppofe-t-elle le defir,
le deffein de la renverfer? Un royalifte de cette
efpèce, fut-il néceffairement un confpirateur
roy l? ils voudroient bien vous le perfuader,
Peuple Français, les lâches, qui ne règnent
que par l'impofture. Mais vous ne les croirez
pas, vous, citoyens de bonne foi, vous en
croirez un homme vrai qui connut les royaliftes qu'il vous dénonce, qui vit le fond de
leurs cœurs honnêtes, qui peut le dévoiler à
la France, & ne craint pas de préfenter de
tels royaliftes à l'eftime de tous les Républicains éclairés.

Oui, ils étoient royaliftes, mais ils étoient
vos mandataires; un Conftitution républicaine
avoit été commife à leur garde, & s'il eût
fallut opter entre l'amour d'une opinion & la
foi d'un dépôt, ces hommes délicats fur l'honneur n'euffent pas connu même l'héfitation.

Ils étoient royaliftes; mais ils étoient philo-

fophes; une profonde connoiffance de la nature humaine les avoit dépris de la chimère
d'une perfection abfolue ; ils favoient tolérer
des abus , en les déplorant ; obéir à des loix ,
en les improuvant.

Ils étoient royaliftes , mais ils étoient légiflateurs , & n'appartenant à la Monarchie par
aucune idolâtrie d'individus , par aucune de
ces habitudes qui gouverne le vulgaire , mais
par le feul regard de l'ordre & de la félicité
publique, ils confidéroient avant tout les befoins actuels du peuple, & remarquant que
le repos , après tant d'agitations , en étoit le
plus preffant , qu'il lui falloit d'abord fe pé-
nétrer des falutaires influences de l'ordre &
de la paix , ils fe feroient gardés de troubler
ce calme heureux , & frémiffoient d'acheter
au prix du fang des hommes un degré plus
rapide de perfectionnement dans les inftitutions fociales.

Ils étoient royaliftes, mais ils étoient citoyens;
ils favoient qu'ils n'avoient que leurs voix dans
ce vafte empire ; ils tenoient leurs fyftêmes les
plus chers fubordonnés à la volonté nationale;
ils ne demandoient que fa libre manifeftation,
& ne pouvant mieux l'affranchir & la con-

connoître que par l'exécution de la Conftitution même , l ils attendoient dans un refpectueux fi- lence , que le peuple en l'effayant la jugeât , & puifât dans fon propre fein les moyens de fa propre réforme.

Ils étoient royaliftes enfin ; mais j'ofe le dire, les plus prudens & les plus éclairés des roya- liftes ; ils avoient bien compris que fi la Mo- narchie pouvoit fe rétablir jamais , ce ne feroit que par le développement libre & légale de cette impofante volonté publique , que toute fecouffe violente , toute tentative contraire aux loix , loin de l'accélérer , en retarderoit l'iné- vitable cours , & ainfi penfoient-ils que conf- pirer pour la Royauté , c'étoit en effet tra- vailler contre la Royauté.

Voila, voilà, Français , quels royaliftes fe mêlèrent parmi nous à un grand nombre de ré- publicains fincères , tel le fanatifme qui les inf- pira, telle la confpiration qu'ils ourdirent. Qu'on le dife encore une fois ! Qu'y a - t - il dans de telles opinions qui ne foit exactement conforme à la lettre , à l'efprit de la conftitution ? Ses auteurs prétendirent - ils à l'infaillibilité ? La croyance en fa perfection abfolue fut-elle une loi de l'Etat ? ne renferma-t-elle point en effet quelques vices ? ne fut-elle point fufceptible de réformes ? n'en indiqua-t-elle pas les moyens ? n'eſt-ce pas par la volonté du peuple qu'elles doivent s'opérer ? Qu'eſt-ce la volonté du peuple finon les vœux des individus ? Il y a donc des individus qui peuvent concevoir, defirer, indiquer la réforme ; & ſi ces individus, en l'attendant, obéiſſent, s'ils tiennent leurs vœux conſtamment foumis à la volonté générale, que font-ils autre chofe qu'exercer un droit en rempliſſant tous leurs devoirs, & préfenter à leurs concitoyens cet admirable accord, qui diſtingue & honore les peuples libres, d'une franche cenfure & d'une vertueufe obéiſſance ?

Je le fens ; telles font les profondes traces qu'a laiſſées parmi nous la tyrannie révolutionnaire, que ces vérités ſi anciennes & ſi fimples ont peine à ne pas fembler l'idiôme de la contre-révolution. Il faut cependant qu'une nation qui fe dit libre & éclairée, s'accoutume à profeſſer ces principes. Il faut que ces nouveaux chefs s'habituent à entendre ce langage retentir à leurs oreilles ; il faut qu'ils fe perfuadent bien que le peuple, en France, ne peu être républicain que de par fa volonté,

qu'il a droit à la changer , que quiconque en
conçoit le vœu , fans troubler l'ordre établi ,
n'eft point un confpirateur , mais un homme
libre ; & qu'enfin , fi cette nation victorieufe
& maîtreffe garde fes inftitutions préfentes ,
defquelles dépendent le bonheur ou le malheur
de tant de millions d'hommes , ce doit être
en vertu de la conviction la plus raifonnée de
leur bonté , de l'émiffion la plus libre du vœu
de tous fes citoyens , & non pas fans doute
pour les vaines fantaifies de quelques individus qui décideroient entre eux que pour les
auteurs du 2 Septembre ou du 21 Janvier, il
n'eft point de fituation fi commode & de retraite plus affurée.

Quand au fanatifme religieux qu'ils reprochent à quelques autres , on fait de quoi fe
compofe dans la langue de ces profonds philofophes un femblable fanatifme. Conferver
quelque refpect pour les maximes que nous
tranfmirent nos pères , croire aux falutaires influences de la Religion fur les mœurs , réclamer avec énergie le droit facré de la liberté
des cultes , invoquer une légiflation protec-
trice de ces bonnes doctrines qui multiplient
les bons pères , les bons époux , les bons ci-

.toyens, qui atteignant par-tout où l'empire des loix ne peut atteindre, y portent, avec l'effroi du crime, la récompenfe de la vertu ; voilà ce que c'eft qu'un *Fanatique*, & certes, plu-fieurs d'entre nous n'en défavouèrent pas l'ho-norable caractère. Je l'accepte pour ma part; je les remercie de m'avoir jugé digne de le porter ; je les remercie de m'avoir loué par tant d'injures, honoré par tant de haine. Oh! oui, ce fanatique amour des droits les plus chers de tant de Français étoit vivant dans mon cœur; il ne s'y éteindra jamais. . . . mais en-core, je me demande en vain ce qu'il y avoit de commun entre de tels fanatiques & des conf-pirateurs royaux. Eft - ce que notre autorité conftitutionnelle ne nous fuffifoit pas pour af-furer cette liberté des cultes, & en préparer le refpect? Eft-ce que la Conftitution & la Re-ligion ne pouvoient compatir enfemble? Eft-ce que les doctrines religieufes ne font pas étran-gères aux formes des Gouvernemens? Eft-ce qu'elles n'enfeignent pas éminemment à tout tolérer, tout efpérer, tout pardonner? Eft-ce qu'elles peuvent jamais fanctionner aux yeux d'un homme fenfé, des actions qui compro-mettent le bonheur de la Patrie? & quoique

des légiflateurs fanatiques tels que moi, fuffent bien loin fans doute de cette fphère éclairée où fe meuvent les Bailleul, les Chazal,
& quelques autres grands philofophes de ce
fiècle, ne nous reftoit-il point cependant, dans
la fimplicité de notre cœur & l'obfcurité de
nos préjugés, affez de lumières naturelles pour
nous appercevoir qu'on ne reftaura point la
morale du peuple par la guerre civile, qu'on
n'honore pas Dieu par le meurtre des hommes ?

Voilà pour l'induction qu'ils avoient prétendu tirer de notre caractère & de nos intérêts.

Paffons au dernier fupplément des pièces qui
leur manquent, notre conduite légiflative. Ils
en déroulent le tableau ; & c'eft-là, fuivanteux,
que la confpiration eft vifible. On ne s'attend
pas fans doute que j'aille réfuter ici tous ces
vagues reproches fur le mépris des inftitutions
patriotiques, fur la chûte des fêtes décadaires,
fur l'aviliffement des fignes républicains, fur
les outrages faits aux acquéreurs des domaines
nationaux, & mille autres déclamations de ce
genre, dont le Directoire a nourri fes longues
& pathétiques proclamations ; je ne fais rai-

fonner que fur des faits diftincts, & j'attendrai
qu'on me précife ceux dont nous fommes ici
refponfables. On exigera moins encore que
j'aille rappeller une foule de difcours prononc-
cés à la tribune qui ont excité leurs plaintes
afin d'en examiner les expreffions & d'en juftifier les fens (*). J'attendrai auffi qu'ils aient

---

(*) Je me dois cependant à moi-même, je vous dois
à vous, Lyonnois, de rappeller et de justifier un de
ces discours. On jugera par ce seul exemple de la validité de toutes les accusations de ce genre ; on ap-
prendra à connoître la bonne foi de ces hommes qui
épioient avec une si incroyable vigilance toutes les
paroles qui sortoient de nos bouches pour les saisir
et les tourner à leurs perfides desseins. Vous avez lu,
dans plusieurs proclamations du Directoire, qu'on
avoit, au sein du conseil, osé faire l'apologie de l'assassinat. Vous avez retrouvé la même assertion dans
les discours de quelques uns de ses mercenaires ou
de ses esclaves; et dernièrement Chénier, enchéris-
sant sur tous les autres, et suivant son usage, poète
quand il écrit en prose, a soutenu qu'on avoit non-
seulement préconisé, mais *déifié* l'assassinat *Déifié* !
L'expression est heureuse. Vous ignorez peut-être,
Lyonnois, quel est celui que l'on prétend désigner
ici, quel est ce député farouche, qui a été assez dépourvu, non-seulement d'humanité, mais de pudeur,

marqué quelles paroles trahirent le fecret des
confpirateurs, & quel degré d'assentiment nous
y donnâmes. Je me borne à répondre aux deux
feules accufations, qui, par leur directe appli-
cation, femblent mériter un plus férieux examen ; celle d'avoir violé formellement la conf-

---

pour faire à la tribune l'apologie du meurtre et l'a-
pothéose des assassins ? Eh ! bien, Lyonnois, cet
homme, c'est moi, vous ne vous en seriez guère
douté, je pense; et vous vous demandez qui avoit
donc ainsi dénaturé les mœurs douces de votre Représentant. Ecoutez comment il a mérité ce reproche.
La plus orageuse discussion étoit ouverte. Bailleul
venoit de faire retentir notre enceinte de sa bruyante
éloquence, il nous avoit reproché l'oppression et
l'assassinat des patriotes du Midi. Il préparoit les voies
à un message du Directoire. Le message arrive ; il
annonce qu'on égorge journellement dans vos murs;
il vous dénonce, Lyonnois, à la France entière, com-
tolérans parmi vous des bandes organisées d'assassins
et de contre-révolutionnaires. Votre député s'élance
à la tribune, il dément d'infâmes calomnies, il s'en-
flamme contre les calomniateurs. Certes, si dans le
mouvement de la plus légitime indignation, quand
il repoussoit une attaque si lâche, quand le spectacle de tant de malheurs embrâsoit la pensée, quelque expression imprudente, exagérée lui fût échap-

titution par nos loix, celle d'avoir au moins indirectement fappé les appuis qui fervoient à la foutenir.

J'obferverai d'abord ici que notre conduite, fous ce double rapport, n'étant préfenté que comme un indice de deffeins cachés, comme

------

pée, quel homme sensible et juste eût osé la lui reprocher? Mais, non, cette expression même ne lui est même pas échappée; non, il n'en proféra pas une qu'il veuille rétracter, et son indignation partie d'un cœur honnête en conserva l'inaltérable empreinte. Voilà la seule phrase qu'ils ont voulu désigner.

Après avoir prouvé que jamais votre ville n'avoit joui d'un calme plus profond que depuis trois mois à l'ombre des paternelles administrations qu'elle s'étoit choisies, montrant que si, à des époques plus reculées, quelques assassinats y avoient été commis, comme dans toutes lss autres parties de la République, par la négligence du Gouvernement, ils n'appartenoient à aucun système réfléchi, à aucun mouvement contre-révolutionnaire, mais à la seule impulsion de la vengeance individuelle; je disois : *Eh! dans quelle ville une vengeance dût-elle paroître davantage, je ne dis pas excusable ou permise, mais naturelle?* Voilà mes propres paroles; j'en atteste tous mes collègues. Eh bien ! c'est cette phrase qu'ils

une preuve de notre confpiration ; il ne fuf-
firoit point à nos adverfaires de démontrer que
nous avons en effet violé la conftitution, fappé
quelques-uns de fes appuis ; il leur refteroit
à prouver que ces violations formelles, ces
indifcrettes atteintes appartenoient effentielle-

---

ont dénoncée avec fureur ; c'est dans cette phrase,
où la vengeance est expressément condamnée, où
est simplement qualifiée de *naturelle*, qu'ils ont trouvé l'apologie, la *déification* de l'assassinat. Eh! qu'y
a t-il donc dans une telle expression que je veuille
réformer, dans le calme de tous mes sens? Qu'y
a-t-il que, je ne dis pas l'orateur, mais le philosophe
ne doive expressément approuver? Tout ce qui est
naturel est-il permis? la foiblesse, les erreurs, les
passions, appartiennent à la nature; est-ce à dire que
la raison les sanctionne ' Tous nos penchants sont-
ils donc légitimes? Toutes nos impulsions sont-elles
droites? que d'actions que le philosophe peut prévoir à l'avance, et que le moraliste ne peut approuver! La vengeance sur-tout n'appartient-elle pas à
cette classe? Est-il de mouvement que la vertu ait
plus de peine à contenir? et quelle n'est pas leur
impétuosité sur · tout, lorsque s'exerçant pour un
père, un frère, un ami, elles semblent se mêler à
quelque sentiment moral! Voyez l'humanité de ces
vertueux citoyens! une telle doctrine affecte même

ment au projet de la renverfer. Une inter-
prétation vicieufe du fens de la conftitution
peut déterminer une infraction innocente. L'intérêt de quelque paffion, la chaleur de l'efprit de parti, peuvent faire déroger à fes textes

———————————————————

leur sensibilité. Il ne suffit pas qu'on convienne avec
eux que la vengeance est défendue ; ils ne peuvent
pas même entendre qu'elle est naturelle. Leur nature se révolte à cette pensée. O vous que le ciel
doua d'une ame si expansive et si tendre ! cette erreur est belle sans doute ; elle fait honneur à vos
cœurs ; mais c'est une erreur cependant , et la raison
ne sauroit perdre ses immuables droits. Retenez donc
bien , que la nature humaine , telle qu'elle est faite
chez nous , comporte des sentimens quelquefois illé-
gitimes et même cruels. Retenez bien , qu'entre des
actions également défendues par les loix divines et
humaines , il en est de naturelles , comme il en est
qui ne sont pas naturelles ; et si vous voulez que
je vous donne un exemple qui vous apprenne à les
discerner , Chénier , écoutez-moi. . . . il est naturel
pour un fils de fondre le poignard à la main sur le
bourreau de son père ; mais il ne l'est pas pour un
frère de laisser son frère périr sur un échafaud ,
quand il n'avoit pour le sauver qu'à le vouloir. Le
premier fut coupable , le second fut attroce ; le premier est un homme , le second est un monstre.

les plus précis ; l'infidélité fera coupable, mais elle ne fera point contre-révolutionnaire; fes auteurs pourront être blâmés, punis, ils ne devront pas être traités de confpirateurs.

Remarquez encore avant de difcuter ce double reproche , qu'il eft bien étrange qu'il ne foit adreffé qu'à nous. Vous parlez de loix, de mefures adoptées; n'étoit-ce donc pas une majorité qui les voulut ? Cinquante deux formoient-ils cette majorité dans les deux confeils ? En compofoient-ils même le plus grand nombre ? Si l'adoption de ces loix fut crime, il y a donc une foule de coupables. Pourquoi fommes-nous feuls dénoncés & feuls punis ? Pourquoi fouffrez-vous qu'un fi grand nombre de nos complices fiège encore auprès de vous ? Ils n'étoient point dans le fecret du complot, dites - vous ; ils furent féduits. --- Mais d'après quelle règle avez - vous appris à difcerner les trompés des trompeurs ? Comment avez-vous tracé la ligne de démarcation entre ces deux claffes ? Votre principe étoit - il infaillible ! En avez-vous même énoncé , fuivi quelqu'un ? Malheureufement les journaux de vos délibérations fubfiftent; ils fubfiftent, & l'on n'y trouve pas ces fignes caractériftiques

qui

qui vous aidoient à difcerner cinquante-deux
confpirateurs entre cinq cents légiflateurs par-
lant & agiflant de concert, & vous n'y dai-
gnez pas nous expliquer la raifon de traitement fi divers après des conduites fi femblables. Cette aggrégation d'efclaves, digne émule
du fénat de Tibère, fe charge elle-même d'apprendre à l'Europe combien fon obéïffance à
fes tyrans eft aveugle, en négligeant même
d'énoncer le motif des profcriptions qu'on lui
commande.

Ils étoient féduits. --- Eh ! comment féduits ? par nos raifonnemens fans doute, feule
force qui fût en notre pouvoir. Il étoit donc
poffible d'en faire de bien fpécieux puifqu'ils
entraînoient quatre cents - cinquante légiflateurs, & que l'afcendant de vos grands talens ne réufliffoit pas à diffiper le preftige !
La violation n'étoit donc pas fi évidente que
des hommes éclairés ne puffent s'y tromper
de bonne foi ? notre innocence feroit donc
encore poffible ? votre preuve douteufe, votre
accufation téméraire ? --- ils étoient féduits !
--- Mais fi véritablement ils fe laiffoient fé-
duire jufqu'à violer l'acte Conftitutionnel la
féduction peut les abfoudre du crime de conf-

E

piration, mais non pa d'une déplorable foiblesse. Cette foiblesse fu un délit devant la
loi. Celui-là du moins pourquoi ne le dénon-
cez-vous pas aux tribunaux ? Pourquoi les
souffrez-vous dans votre enceinte, à votre tribune ? O mes collègues ! ne craignez pas qu'ils
cèdent à cette provocation. Ils craindroient
trop de se montrer à la France dans leur honteuse nudité, & vous leur êtes devenus né-
cessaires pour cacher un nombre qui fait pitié & un assemblage qui fait horreur.

Quels sont au reste ces articles de la constitution qu'ils disent avoir été violés par nos
loix. Ici, la discussion doit être facile ; les
pièces sont entre les mains de tous ; le rap-
prochement le plus simple montrera de suite
si nous avons prévariqué, ou s'ils ont ca-
lomnié.

Ecoutez-les :

La Constitution en proscrivant les émigrés,
défendoit de créer en leur faveur des exceptions nouvelles ; & nous avons fait des loix
pour rappeler les réfugiés de Toulon, du Haut
& Bas-Rhin.

Mais si la Constitution interdisoit de créer
des exceptions, interdisoit-elle d'appliquer

les exceptions déjà faites? Mais tous les infortunés que nous rappellâmes dans leurs foyers
compofoient ils une claffe nouvelle? Tous les
caractères des réfugiés dont le retour fut permis ne leur étoient-ils pas communs? N'é-
toit-ce pas les mêmes motifs, la même époque, les mêmes excufes? Que faifions-nous
autre chofe que reconnoître cette analogie,
& leur appliquer le bienfait qu'une loi précédente leur deftina, c'eft-à-dire, prononcer
fur des faits fans toucher aux principes, &
accomplir avec le vœu de l'humanité le devoir de la plus rigoureufe juftice?

La Conftitution n'avoit défendu que cer-
taines fociétés politiques, & nous nous étions
permis de les toutes interdire.

Mais la Conftitution, en difant : *Telles fo-*
ciétés ne pourront fe former, avoit-elle ajouté :
Toutes les autres auront le droit politique de fe
réunir ? Mais ce qui n'eft point interdit par
la Conftitution ne peut-il être interdit par
l'autorité légiflative? Ce qui n'eft point fixé
par une loi fondámentale, ne peut-il être décidé par une loi réglementaire? Mais la Conftitution elle-même n'annonçoit-elle pas ex-
preffément que toutes celles qui feroient *con-*

E 2

traires à l'ordre public devroient être profcri-
tes (*)? N'étoit-ce pas les circonftances qui
devoient manifefter cette oppofition à l'ordre?
& , qui pouvoit juger ces circonftances, finon le Légiflateur ? & fi la nature de ces
circonftances devenoit telle , que toute réunion fût-elle feule un danger , ou que, les
unes étant innocentes & les autres coupables,
l'impoffibilité de les difcerner par de fûrs caractères forçât ou à les tolérer toutes ou à
toutes les interdire , porter une loi générale
d'interdiction, n'étoit-ce pas fuivre le texte de
la Conftitution & en refpecter l'efprit?

Mais encore, cette Conftitution, en permettant , fi l'on veut, des fociétés politiques,
entendoit , fans doute , avant tout , que les
autorités inftituées par 'elle fuffent mainte-
nues, que les loix fuffent exécutées, que la
Souveraineté Nationale fût refpectée; & lorfque des factieux , s'uniffant fur tous les points
de l'Empire, annonçoient hautement leurs fé-
ditieux projets, s'érigeoient en organes de la
nation entière , attaquoient avec audace les

(*) Voyez l'article 360 de la Constitution.

actes de ses représentans, & que leur rassemblement devenoit ainsi le principe & le moyen d'un complot tendant à renverser la Constitution elle-même, pouvions-nous contempler dans une lâche inaction un si effroyable désordre, & ne pas opposer au plus grand de tous les maux, le plus efficace des remèdes ?

La Constitution avoit prononcé l'égalité des cultes, & nous cherchions à établir un culte dominateur.

Quoi ! parce que nous avions proposé de faire jouir enfin le peuple de cette liberté des cultes, qui jusqu'alors n'existoit que dans d'hypocrites proclamations ? parce que nous osions réclamer pour un culte que professe l'immense majorité de la Nation, qu'on avoit fait tomber du plus haut degré de splendeur sous le joug de la plus atrroce persécution, la simple protection promise à tous ? parce que nous avions projetté des loix de police, dont la sévérité dépassant même celle des principes constitutionels, alloit jusqu'à interdire aux sectateurs des diverses Religions, ce développement extérieur de leur culte, si cher à tous les cœurs religieux, ces signes publics qu'on n'eût jamais la pensée de proscrire dans les Gou-

E 3

vernemens où l'on profeſſe une tolérance véritable ? Voyez donc le délire où les porte la
haine qu'ils ont vouée à la Religion Catholique, & le ſombre effroi qu'elle leur inſpire ;
vouloir ſon exiſtence, c'eſt vouloir ſa domination ; ne pas la perſécuter avec eux, c'eſt
les perſécuter eux-mêmes ; les forcer ſeulement à la voir, c'eſt les contraindre à la
croire.

Quoi, encore ? parce que nous avions ex-
primé le deſir que les miniſtres de tous les
cultes fuſſent affranchis de ſermens & de dé-
clarations particulières ! parce que nous avions
penſé que la Conſtitution ayant voulu les confondre avec le reſte des citoyens, il ne nous
étoit pas permis de les en diſtinguer par nos
loix ! parce que nous avions cru que c'étoit
avec de réels bienfaits, & non avec de vaines formules de ſoumiſſion, que les Gouvernemens s'affermiſſent parmi les hommes, &
que s'il exiſtoit de véritables rebelles, il va-
loit bien mieux les contenir par des loix, que
les tourmenter par des ſermens ; les laiſſer ſous
la ſurveillance publique, que les forcer à conſ-
pirer dans l'ombre ! Et même ce louable deſir,
cette philoſophique & conſtitutionnelle opinion, ne fut point partagée par pluſieurs d'entre

nous que je pourrois défigner , & l'inquiétude
de leur patriotifme ne permit pas qu'elle pût
fe convertir en loi (*).

(*) J'oubliois, en rappelant le projet de loi sur
la police des cultes, de parler de cloches, de ces
fameuses cloches qui ont fait tant de bruit en France ;
et certes, nos adversaires ne me pardonneroient pas
cet oubli. Il faut ici convenir franchement de ses
torts. J'avoue que , pour cet objet, il m'est impossible de justifier le Corps-Législatif, et je n'y
trouve ni son humanité, ni ses lumières accoutu-
mées. Quoi! parler de cloches ! Il est vrai qu'il n'a
fait aucune loi pour les rétablir ; il est vrai qu'aucune discussion ne s'est ouverte à ce sujet ; il est
vrai que tout s'est borné à entendre un rapporteur
en proposer l'autorisation au milieu de beaucoup
d'autres réglemens ; il est vrai encore que , dans
quelques discours suivans , quelques orateurs de
notre parti se sont prononcés avec courage et phi-
losophie contre cette institution des cloches ; mais
anfin le Conseil a pu écouter patiemment pendant
plus de quatre minutes un rapporteur les proposer ;
il ne s'est pas levé tout entier, dans ce mouvement
d'une vertueuse indignation qui saisit le philosophe
Bailleul et l'entraîna hors de l'assemblée ; il n'a pas
rappelé l'orateur à l'ordre avec censure ; c'en est
assez , il ne peut être excusé. Eh , quoi ! n'avoir pas
pénétré d'un coup-d'œil toutes les conséquences de

E 4

Quoi , enfin! parce que nous avions rap-
porté une loi , l'un des monstrueux produits
de la fureur et de l'abfurdité révolutionnaire;

---

ces cloches ! n'avoir pas senti cette vérité si simple ,
que , permettre à tous les cultes également, de se
servir de cloches pour leurs convocations religieuses,
c'étoit déterminer infailliblement la prépondérance
du culte catholique qui étoit d'avance saisi des plus
grosses , le rendre religion dominante , bientôt religion persécutrice , opérer la contre - révolution ,
massacrer tous les républicains , faire couler des torrens de sang , et le tout par la vertu merveilleuse
des cloches ! n'avoir pas remarqué au moins ce ridicule extrême où tomboit chaque législateur qui ,
dès là qu'il sembloit pencher pour accorder à tous
les cultes cette permission fatale ; se déclaroit en
toutes formes Catholique , Apostolique et Romain ,
annonçoit placer toute l'essence et la gloire de cette
religion dans les cloches , en ressuscitoit avec elles
toutes les superstitions abolies , rétrogradoit soudain
vers la nuit du douzième siècle , et transformoit le
Conseil en une synode de moines; tant encore les
cloches ont d'efficace ! Et quand enfin plusieurs de
ces désastrueuses conséquences n'eussent pas sem-
blé infaillibles, quand on eût conservé , par exemple,
quelqu'espoir de concilier avec l'existence de la république et la parfaite santé des républicains , le ré-

une loi évidemment injuſte dans ſa nature, rétroactive dans ſes eſfets, atroce dans ſes peines, déjà abolie par des loix plus récentes,

---

tabliſsement des cloches, n'étoit-ce donc pas assez qu'un petit nombre de patriotes énergiques et purs en conçussent sulement de l'inquiétude, que le son des cloches éveillât chez eux quelques idées importunes, et que la sécurité de leurs belles ames en fût par fois troublée pendant le silence de la nuit, pour qu'un Corps légiſlatif, uniquement établi pour faire le bonheur de ces braves citoyens ; ne dût pas songer un instant à contenter, au prix de leur repos, les vœux de toutes les campagnes qui redemandoient la permission d'avoir leurs cloches, et déjà, prévenant la loi, les sonnoient par-tout? Voilà la faute du Corps-légiſlatif, on voit que je l'expose avec franchise, sans chercher ni à l'affoiblir, ni à la justifier.

Si au reste le Conseil fût si coupable, seulement d'avoir entendu l'orateur, que penser de l'orateur lui-même? et comment pouvoit-il s'excuser aux yeux de ceux qui accusent ses collégues. Je dois dire cependant avec candeur que j'étois moins criminel qu'ils ne l'ont généralement supposé ; j'étois loin d'entrevoir, à cette époque, tout ce que j'ai découvert depuis dans ces cloches. Peu éclairé, comme l'a fort bien observé Chénier dans un de ses sublimes

déjà condamnée par tous les principes constitutionnels (*) ! parce que nous avions rappelé au fein de la Patrie une foule de fes enfans, exilés pour n'avoir pas admis je ne fais
quelle difcipline eccléfiaftique qu'on ne leur
avoit pas commandé de reconnoître, & avoir
fuivi la loi de leur confcience, fans violer la
loi de l'état ! parce nous avions rendu à toutes
les familles des parens dont elles pleuroient
l'abfence, au peuple des pafteurs dont il ap-
pelloit les bénédictions, à la morale des miniftres qui devoient en protéger l'empire ! Eh !
avez-vous donc oublié qu'au moment où cette

---

discours, où il dit : *De plats écoliers venoient nous
parler de cloches, et des sottises de leurs pères*, j'a-
vois apporté une tendre, mais innocente affection
pour les cloches, je voulois les rétablir par toute
la France, mais sans faire de mal à personne, et
j'ai moi-même frémi d'horreur, lorsqu'en lisant les
judicieuses observations de nos armées sur les cloches, et un autre beau morceau des Invalides où
la question est savamment traitée, j'ai appris dans
quels abymes de maux les cloches alloient infailliblement nous conduire.

(*) La loi sur le rappel des prêtres déportés.

loi que vous ofez nous reprocher aujourd'hui,
fut mife aux voix dans l'affemblée, vous vous
levâtes vous - mêmes pour l'approuver avec
nous ? tant il falloit qu'elle fut jufte, & éner-
giquement commandée par la volonté nationale ! avez-vous oublié que fa prompte adoption vous fut confeillée par ce même Boullay,
aujourd'hui l'un de vos plus dévoués amis,
& le digne rapporteur du 18 Fructidor, par
ce Boullay qui, pénétrant d'un coup-d'œil fi
profond le fecret de nos complots dans le fyftême de nos loix, maintenant affure que nous
placions dans le retour des prêtres Romains,
notre plus grand moyen de contre - révolution (*), & qui, ce jour-là, affirmoit que
le rappel des prêtres déportés étoit une me-
fure jufte, humaine, & ne pouvoit être plus
long-temps différé !

Enfin, quand il feroit vrai, comme ils l'ont
prétendu, qu'il fe trouvoit dans le nombre de
ceux que nos loix rappeloient quelques hommes aigris & prévenus, quel plus fûr moyen

----

(*) Voyez la longue harangue prononcée à la tribune par Boullay de la Meurthe, le 5 Vendémiaire.

de les conquérir à la Patrie, que de les re-
placer dans fon fein, de guérir leurs préjugés, que de leur montrer nos loix ? de cal-
mer leur reffenciment, que de confoler leur
infortune ? J'en appelle à ceux qui connurent
les affections de la nature. Si un homme put
dépofer le defir de la vengeance, ne fût-ce pas
au jour où, dans un doux frémiffement, po-
fant le pied fur fa terre natale, & ferrant
dans fes bras tout ce qui lui fut cher, il fentit
fon cœur en s'ouvrant à la félicité, fe fermer
à la haine ?

Voilà cependant à quoi fe réduifent ces éter-
nelles déclamations fur la rentrée des émigrés
& des prêtres ; voilà ce que c'eft que ces violations de la Conftitution qu'ils n'ont pas rougi
de nous reprocher. Peuple Français, toi qui
feul as droit à juger les travaux de tes Ré-
préfentans, toi qui dans ta confcience pro-
nonceras entre eux & nous, & leur feras entendre quelque jour ta terrible fentence, nous
nous réjouiffons d'avoir à te préfenter ces mêmes actes que nos féroces ennemis ont tranf-
formés en crimes. Nous déroulons avec confiance devant toi le tableau de notre rapide
légiflature ; nous ofons croire que fouvent,

te rappelant notre mémoire, tu te rediras en
fecret : « Ils furent bienfaifans & juftes. Les
» jours de leur règne furent courts, mais ils
» les comptèrent par de bonnes actions. Ils fi-
» rent peu de loix nouvelles, mais ils aboli-
» rent des loix défaftreufes. Ils rouvrirent nos
» temples, ils rappelèrent nos miniftres, ils
» firent ceffer d'injuftes profcriptions ; ils éten-
» dirent fur nos colonies un regard paternel ;
» ils rendirent à des milliers de citoyens les
» propriétés & les droits dont la tyrannie les
» dépouilla (*) ; des infortunés naufragés fur
» nos côtes, invoquèrent leur pitié & les trou-
» vèrent fenfibles ; de toutes les parties de la
» France, la voix de l'innocence & du malheur
» retentit dans le fanctuaire des loix ; & l'au-
» rore de la juftice fe leva fur cette terre dé-
» folée. »

Cette bienfaifante conduite ne fut pas feulement l'exécution littérale de la Conftitution ;
elle fut fans doute le moyen le plus fûr de

(*) Loi sur les domaines congéables, loi sur les
parens d'émigrés ; loi sur les individus des familles
Bourbon, d'Orléans, etc.

la faire aimer. Eh! quel plus magnifique hommage lui fut jamais offert? Eh! que pouvoient de plus pour fon triomphe fes plus ardens amis, que de la dégager ainfi du voile enfanglanté dont les paffions la couvrirent, & la préfenter à la France dans fes formes natives, entourée de l'aimable cortège de la juftice & de la paix ? Une telle conduite leur femble une confpiration royale! hommes abfurdes! ce font ceux-là mêmes qui vous dirent que le royalifme enfanta le fyftême de la terreur, qu'il voulut par lui rendre la république intolérable aux Français (*); & lorfque nous répandions un baume confolateur fur les plaies que ce monftre fit à la Patrie ; lorfque nous effuyions les larmes de tant d'infortunés, lorfque nous éteignions le flambeau de tant de haines, c'eft encore le royalifme qui agit & qui commande ! ainfi le royalifme fait & défait; on le charge des excès révolutionnaires , on l'accufe de les réparer ; & ce fantôme impofteur eft fans ceffe a leurs ordres , pour épouvanter un peuple qu'ils abufent.

_____

(*) Voyez le discours de Boulay, déjà cité.

Dieux! fi vous étiez de bonne foi, fi vous aviez quelqu'eftime fincère pour cette Conftitution dont vous vous proclamez les défenfeurs, combien vous deviez nous bénir & nous encourager! Oui, fi des inftitutions républicaines pouvoient fe réalifer dans ce vafte Empire; fi une Conftitution imparfaite pouvoit s'y faire tolérer d'une inquiète nation, c'étoit fans doute à l'ombre de notre paternelle autorité. « Enfin, pouvoit-on dire, ils » viennent de détruire ces préjugés qui unif- » foient, dans l'efprit de tant d'hommes, à » l'idée de la liberté, celle de la plus exécra- » ble licence. Enfin, ils viennent de révéler » au peuple cette grande vérité ignorée juf- » qu'alors, que des loix républicaines pou- » voient s'allier à des loix équitables; que la » République n'étoit pas l'infaillible fymbole » de la fpoliation, l'oppreffion & l'affaffinat. » Enfin, fubftituant par-tout le reffort de la » confiance à celui de la crainte, ils commen- » çoient à imprimer à nos inftitutions ce ca- » ractère de moralité & de fageffe qui peut » feul leur mériter l'amour des Français & le » refpect de tous les peuples ».

Et fi, en agiffant de la forte, fi en réa-

lifant les plus doux bienfaits de cette conſtitution , ſi , en ceſſant de courber les Français
ſous un joug de fer, il étoit vrai cependant,
comme vous l'annnoncez, que nous préparions & la chûte de la Conſtitution & la fin
de la République , que voulez - vous que je
vous réponde? qu'eût-ce été autre choſe alors
que l'invincible cours de la nature des choſes,
l'irréſiſtible pente de la volonté nationale ; l'é-
tonnante démonſtration que ces inſtitutions
ne furent appuyé que ſur le fanatiſme & la
terreur? en ſerions-nous reſponſables alors?
oſerions-nous, même en déplorant cette volonté , en ſuſpendre violemment le progrès?
l'oſeriez-vous , vous-mêmes? Et de quel front
viendriez-vous , miſérables , nous reprocher
de n'avoir pas rendu le peuple eſclave pour
le conſerver républicain , de n'avoir pas ſa-
crifié une nation à une inſtitution? & qu'euſ-
ſions-nous fait alors , en adoptant le ſyſtême
compreſſif dont vous parlez, que ſoutenir le
crime & commettre à-la-fois le double attentat de retenir la France dans une ſituation
qu'elle repouſſe, & d'employer pour l'y retenir les moyens de la plus exécrable tyrannie?
C'eſt ainſi que ces hommes qui nous accuſent
d'avoir

d'avoir perdu la Conſtitution , parce que nous l'obſervâmes, d'avoir préparé la royauté , parce que nous donnâmes une vraie liberté, font eux - mêmes à cette révolution qu'ils aiment, à cette Conſtitution qu'ils préconiſent, le plus ſanglant'outrage ; ils ſe chargent d'annoncer à notre nation, qu'être juſte, c'eſt être contre-révolutionnaire ; que rendre le peuple à lui-même, c'eſt le rappeler à la Monarchie.

Ils viennent de nous reprocher nos actes ; à préſent ils nous accuſeront même d'inaction. « Le ſecond trait criminel de notre conduite » légiſlative eſt d'avoir au moins indirectement » ſappé les appuis ſur leſquels la Conſtitution » repoſe. Le Gouvernement la fait exécuter, » les armées ſervent à la défendre, & nous » entravions la marche du Gouvernement ».

Oui, à les entendre, ces armées n'avoient plus aucune part dans les affections & les opérations du Corps-légiſlatif, nous ne fîmes rien pour leurs intérêts les plus chers ; des émigrés & des prêtres étoient les ſeuls objets de notre ſollicitude. Je pourrois me borner ſans doute à leur adreſſer une ſimple queſtion : Vous qui

F

gouverniez avec nous, vous qui ofez accufer vos collègues, qu'eft-ce donc que votre
zèle ardent pour les armées vous fuggéra de
mieux que ce que nous avons fait nous-mêmes ? Quelles loix, quelles mefures en leur
faveur nous avez-vous propofées que nous
avons rejettées, que nous ayons mêmes com-
battues ? Si nous négligeâmes les armées, vous
les négligeâtes avec nous ; vous autorifâtes notre oubli par votre coupable filence ; & de
quel droit nos complices viennent-ils fe porter
au rang de nos accufateurs ?

Mais il faut approfondir ces calomnieux reproches. Nous n'avons rien fait pour la gloire
des armées ; qu'eft-ce à dire ? Sans doute que
le Corps-légiflatif, dans de précédentes ceffions,
proclamoit fouvent qu'elles avoient bien mérité de la Patrie, & que dans la dernière il
n'y eût point de proclamation femblable. Il eft
vrai ; mais ces loix n'étoient-elles pas toujours la
célébration d'une victoire ? mais l'armiftice pro-
longé pendant tout le cours de notre feffion
nous laiffa-t-il un feul triomphe à célébrer ?
mais à quel propos euffions-nous fait retentir
notre enceinte de ces acclamations que l'en-
thoufiafme d'un fuccès préfent devoit feul dé-

terminer ? mais ne dut-il pas fuffire aux foldats que la plupart d'entre nous y euffent à
d'autres époques concouru, qu'ils en euffent
eux-même donné le fignal, & que fans ceffe
encore ils faififfent dans leurs difcours toutes
les occafions de rappeler ou de louer leurs
immortels triomphes ? mais ne durent-ils pas
s'appercevoir que lorfque des Généraux mêlés
dans nos rangs étoient fi honorablement dif-
tingués par nous, lorfque nous élevions par
acclamation à la préfidence ce Pichegru qui
n'étoit alors connu que par fes victoires,
lorsque nous portions au bureau de l'affemblée un Willot, un Villaret-Joyeufe, nous vou-
lions honorer leurs exploits militaires autant
que leurs vertus civiques, & adreffions dans
leurs perfonnes un hommage à l'armée toute
entière ?

Nous avons oublié fes intérêts ; qu'eft-ce à
dire encore ? fans doute que nos foldats fouffrirent tous les genres de privation & que nous
avons négligé de les foula_er. Je commence
par nier avec affurance qu'une telle détreffe
ait en effet exifté. Il y a eu quelque besoins
partiels, mais ils n'approchèrent jamais du
dénuement qu'on a repréfenté. La perfidie a

F u

pu feule les exagérer à ce point. Tous ces rapports font démentis par d'inconteftables témoignages, ils le font par le plus fimple raifon-
nement. A qui fera-t-on croire que quatre
cents mille hommes, dont une partie exiftoit
fur le territoire ennemi, dont la dépenfe devoit, d'après les loix, être la première ac-
quittée, n'aient pu prélever fur la maffe des
contributions directes ou indirectes de la France
fur celle des contributions levées en pays étranger, même après la plus énorme dilapidation,
dequoi fournir à leur feule exiftence. Mais au
refte, qu'avions-nous dû faire pour leur foulagement que nous n'ayons réellement fait ?
n'avions-nous pas maintenu toutes les loix qui
déclaroient leur dépenfe privilégiée ? n'avions-
nous pas laiffé, à diverfes époques, des fommes fuffifantes à la difpofition du Gouvernement ? n'étoit-il pas autorifé à les appliquer
immédiatement la paye des foldats ? que fi,
malgré ces efforts de notre paternelle follicitude, ils fouffroient & fe plaignoient encore,
à qui la faute ? Ne fut-elle pas toute à ce Directoire qu'on furprit portant lui-même dans
les caiffes militaires un défordre concerté, fuf-
pendant d'indifpenfables paiemens qu'il avoit

l'ordre & le pouvoir de faire , & cherchan
à provoquer par la détreffe des foldats leurs
reffentimens contre nous, à ce Directoire qui
diffipa toutes les fommes qui lui furent con-
fiées par la geftion la plus infidelle & par les
marchés les plus ruineux ? Eh ! toute la France
n'a-t-elle pas retenti des négociations faites
avec les compagnies Godart , Gaillard & Di-
jon , des dilapidations exercées en Italie par
Flachat & fes affociés (*) ? toutes les armées
n'ont-elles pas été les témoins de la rapacité
dévorante des fourniffeurs , de leurs rapides
fortunes, de leur luxe infolent ? Voilà, voilà
l'abyme où fe font engloutis tant de tréfors
deftinés par nous au foulagement des foldats.
C'eft à ces Directeurs qui l'ont creufé de leurs
avides mains, qu'ils doivent aller en demander
le redoutable compte. Enfin, il eft encore vrai
de le dire, une partie de ces maux dont l'armée fe plaignit fut un réfultat déplorable ,
mais néceffaire , de la fituation générale de la
France. Les foldats ont fouffert ! eh ! qui donc

(o) On sait que dans le nombre des intéressés figu-
roit un de nos premiers Magistrats.

n'a pas fouffert dans leur patrie ? l'agriculteur
ne gémiffoit-il pas fous le poids des charges
publiques ? le commerçant ne déploroit-il pas
un numéraire écoulé , un crédit anéanti , des
manufactures abandonnées ? des milliers d'individus qui connurent les douceurs de la fortune n'étoient - ils pas plongés dans les hor-
reurs de l'indigence ? étions-nous donc tenus
à l'impoffible ? le foldat devoit-il s'étonner de
participer en quelque chofe à la condition commune ? pouvoit-il exiger que nous portions
à fon comble le malheur de tant de familles ,
pour ajouter à fon aifance ? pouvoit-il fe plaindre , de ce qu'au milieu de tant de maux ir-
rémédiables , nous prodiguions au moins les
feules confolations qui nous reftoient , nous
émettions des actes d'humanité qui ne coû-
toient rien à perfonne , & que , ne pouvant
répandre fur la France des trefors , nous y
verfions dè bienfaifantes loix ?

Et s'il falloit remonter à l'origine de ces calamités publiques dont nos foldats reffentirent
par contre-coup les effets , vous qui nous ac-
cufez , n'auriez - vous point à répondre à votre
tour ? Ne voyez-vous pas le poids de tant de
plaintes prêt à retomber fur vos têtes ? qui ra-

vagea pendant trois ans ce bel Empire ? qui
tarit toutes les fources de fa profpérité ? qui
dépeupla les atteliers ? qui ruina les manufactures ? qui fit difparoître le numéraire ? qui
étouffa le commerce par des loix vexatoires?
qui força l'induftrie nationale de chercher un
afyle fur le fol de l'étranger ? qui renverfa
toutes les inftitutions de bienfaifance ? Aucun
de vous n'eût-il part à ce fyftême de dévaftation ? aucun de vous ne parcourut - il la
France pour en faire exécuter les atroces difpofitions ? aucun de vous ne fe montra-t-il
aux yeux de fes concitoyens, gorgé de richeffes acquifes par ces voies déteftables ? Combien, que je pourrois défigner, dont la fortune récente & monftrueufe infulte avec fcan-
dale à la mifère publique! qu'il fait beau les
entendre, du fein de leur opulence, s'appi-
toyer fur des foldats qu'ils méprifent, & nous
reprocher des maux dont ils furent les feuls
auteurs !

Ce n'étoit pas affez de pourvoir, autant que
les circonftances le permirent, à la folde des
armées ; nous penfâmes à leurs autres befoins.
Il y avoit une commiffion chargée de leur affurer le milliard promis à la paix. Il en étoit

étoit une autre toute compofée de militaires, préparant des réformes utiles dans tous
les genres. Déjà elle avoit occupé de fes rapports un grand nombre de nos féances. Déjà
nous avions établi fur fa demande un code
militaire qui concilioit les befoins de la difcipline & les droits de la liberté, un mode
de deftitutions qui affuroit à chacun la récompenfe de fes fervices, en l'affranchiffant des
caprices de l'autorité.

Et enfin, n'étoit-ce donc que par des actes
relatifs à l'armée feu'e, que nous nous occu-
pâmes de fes intérêts & de fa gloire ? n'é-
toit-ce pas travailler efficacement pour la gloire
des foldats, que de rendre refpectable par des
vertus cette liberté dont ils étoient les héros,
que de répandre autour de la Conftitution qu'ils
défendoient un éclat de juftice & de fageffe
qui n'avoit point lui jufqu'alors ? n'étoit-ce
pas veiller à leurs intérêts les plus chers, que
de préparer le bonheur domeftique de la France,
que de rappeler au fein de leurs familles, l'aifance, la morale, l'ordre, que de leur préparer à leur retour le fpectacle d'un Empire
bien réglé, & une portion dans la félicité générale? Eh ! quelle plus noble manière d'ho-

norer & de récompenfer à la fois des foldats
citoyens , que de faire de bonnes loix pour
la Patrie qu'ils habitent & qu'ils chériffent !

Il eft vrai, au milieu de tant de bienfaits ,
nous nous plaiguîmes qu'une colonne de troupes eût ofé franchir la limite conftitutionnelle.
Il eft vrai , nous préparions une loi répref-
five contre les délibérations & les adreffes
émanées de nos armées. Il eft vrai , nous or-
donnâmes à tous les officiers réformés d'aller
recevoir dans leurs départemens la paye qui
leur étoit due ; & par-là , ont-ils dit , nous
témoignions aux foldats Français une défiance
injurieufe , nous paroiffions redouter leur préfence & fufpecter leur patriotifme. Mais quel
légiflateur fenfé s'arrêta donc jamais à de femblables confidérations ? Quoi ! faire des loix
pour prévenir des délits , c'eft infulter les hommes à qui ces loix font adreffées ? Quoi ! ce
fut auffi une infulte pour les citoyens Français que de prononcer des peines contre les
féditions populaires ¿ Quel homme de bien s'ir-
rita jamais de fe voir enlever les moyens de
faire le mal ? Nos foldats ont-ils donc la pré-
tention d'être tous, nos-feulement infaillibles
dans leurs opinions , mais irréprochables dans

leur conduite ? Ne peut-on croire à leur patriotifme fans en prévoir & en redouter les
écarts ? Laiffons de vaines flatteries ; parlons
le langage de l'auftère vérité. Il eft fans doute
dans nos armées du dévouement , du zèle ;
mais que de féductions poffibles ! que de juftes
alarmes pour l'ami éclairé de l'ordre & de la
liberté ! leur feule conftitution n'eft-elle pas
faite pour les infpirer ? Qui ne voit que des
foldats , arrachés du fein de leur pays , éloi-
gnés du théâtre des affaires publiques , ne con-
fervant plus de communication directe avec
les Repréfentans de la Nation , livrés au feul
Directoire qui leur donne des chefs à fon gré,
qui leur envoie des journaux à fon choix , qui
les entoure de fes émiffaires , ne peuvent plus
recevoir d'exactes informations fur l'état de
leur patrie & la nature des partis qui s'y for-
ment ? qui ne voit que même en les recevant ,
de continuelles diftractions ne leur permettent
de rien examiner & de rien connoître ? qui
ne voit que , même en examinant , ils font
fans ceffe ramenés par les feules habitudes de
la difcipline militaire à une obéiffance aveugle
à des chefs , ou entraînés par cet ardent en-
thoufiafme qui les anime au combat , à toutes

ces audacieuſes entrepriſes que ſuggère l'eſprit de faction & de révolte; & qu'enfin il n'eſt pas de plus forte tentation contre les paiſibles vertus du citoyen, que les brillantes qualités du héros ?

La triſte expérience du paſſé ne devoit-elle pas ajouter à ces craintes ? ne devoit-elle pas être préſent à nos penſées le ſouvenir de tant d'excès auxquels purent ſe porter des ſoldats égarés ? qui à l'époque du 31 Mai fut l'eſpoir & l'appui des plus exécrables tyrans ? Des ſoldats. Qui leur prêta ſon bras pour courber ſous un joug de fer une nation indignée? Des ſoldats. Qui vint combattre ſous vos murs, ô mes concitoyens! les derniers & ſublimes efforts de la liberté mourante, incendier vos habitations, maſſacrer votre jeuneſſe, préſider aux plus féroces exécutions, tomber le ſabre à la main ſur des malheureux échappés aux mitraillades ? Des ſoldats. Qui, par - tout le reſte de la France fit couler aux cris redoublés de *Vive la liberté*, des torrens de ſang français? Des ſoldats. Qui, même après le 9 Thermidor, quand l'humanité ſe réveilloit dans tous les cœurs, reprit encore au premier ſignal ces habitudes de carnage, & répondant par des coups de canon aux justes représentations d'un peuple libre, porta de nouveau dans les murs de Paris l'épouvante & la mort? Encore des soldats; mais comment des soldats? peut-être quelques individus? non des bataillons entiers. Ils étoient abusés, direz-vous. J'aime à le croire; mais enfin des hommes qui furent abusés au point d'étouffer toutes les affections de la nature & de commettre les plus horribles attentats, ne pouvoient-ils se laisser entraîner à violer quelques principes constitutionnels, & à diriger leurs armes contre l'autorité législative?

Cette défiance au reste si raisonnable, eûmes-nous même la liberté de la raisonner? Avions-nous ici quelque loi nouvelle à faire? Tout n'étoit-il pas prévu, reglé d'avance par la Constitution? N'est-ce pas elle qui prive les soldats de leurs droits politiques, qui leur interdit de délibérer, qui leur défend d'approcher du lieu où siège la Représentation nationale? elle supposa donc que les armées pouvoient être séduites, elle redouta leur influence politique, elle voulut les réduire à une passive obéissance. Nous ne faisions donc qu'exécuter la Constitution sans la juger. Ses auteurs

purent, fi vous voulez, avoir commis une
erreur ; mais nous, nous accompliffions un
devoir.

Enfin, voyez tout ce qu'une caufe fi jufte
nous permet d'accorder. Quand il feroit vrai
que nous aurions en effet trop négligé les intérêts de l'armée , témoigné une crainte injurieufe aux foldats, commis ici quelque faute,
qu'il y a loin encore d'une telle conduite à
une confpiration royale ! quelle chaîne refte
à parcourir pour établir le complot qu'on nous
attribue ! n'y a-t-il aucun milieu entre avoir
négligé l'armée & avoir voulu la détruire ?
entre avoirre douté l'approche des foldats &
avoir penfé à relever un trône ? que dis-je ,
fi nous avions en effet confpiré , fi nous avions
réfolu d'opprimer la Nation n'eût-ce pas été
de notre part la plus fage politique de fuivre
une marche directement oppofée? N'eft-ce pas
fur les foldats qu'auroit dû fe diriger notre
continuelle follicitude ? N'aurions - nous pas
tout effayé pour les attacher à notre caufe par
les féductions de la louange ou de l'intérêt?
Aurions-nous au contraire travaillé à les ai-
grir par le mépris & l'abandon? N'étoit-il pas
affez clair que leur reffentiment feroit l'obf ;

tacle le plus invincible à nos deffeins , comme leur attachement le moyen de tout ofer & le gage de tout les fuccès ?

Je touche ici une grande vérité , une vérité profondément connue de nos accufateurs ; en traçant le tableau de ce que nous aurions fait , je raconte ce qu'ils ont fait eux-mêmes. Oui , & c'eft ici la véritable , la feule origine du reproche qu'ils nous intentent. Ils avoient befoin de l'armée , parce qu'ils n'avoient pas le peuple ; & pour fe l'affurer , il leur a fallu lui dire que nous étions fes ennemis. Ils obtenoient le double avantage de lui témoigner une hypocrite tendreffe , & d'exciter fes reffentimens contre nous. Peu leur importoit que ce fyftême de diffamation fut dépourvu de tout appui ; il leur fuffifoit de faire retentir aux oreilles des foldats leurs bruyantes calomnies. Ils favoient que perfonne ne feroit là pour les contredire ; ils favoient que ces ames ardentes faifiroient l'impofture & en feroient d'autant plus promptement convaincues, qu'elles en feroient irritées davantage. Ainfi leur feule accufation annonçoit notre innocence & fignaloit tous leurs crimes.

Soldats , écoutez le confeil d'un de ces hom-

mes que vous croyez peut-être vos ennemis,
parce qu'on vous ordonna de le croire, mais
à qui vos vrais intérêts font plus chers qu'à
tous ceux qui vous adreffent le langage d'une
fi baffe adulation, fouvenez-vous que fous
Robefpierre on achetoit auffi par de vaines
louanges l'appui de vos bayonnettes, qu'on
célébroit avec emphafe vos triomphes, pour
vous faire applaudir en retour aux actes du
plus feroce defpotifme. Reconnoiffez aux mêmes difcours les mêmes projets. Dites-vous bien
que, dans une République, tous ces flatteurs
des armées font les oppreffeurs du peuple ;
dites-vous bien qu'il n'y a pour tous dans la
route nouvelle où l'on vous entraîne, qu'opprobre, infamie & miféra ; & voyez déjà l'Europe qui commençoit à vous admirer, moins
encore pour l'éclat de vos victoires, que pour
la dignité de votre caufe & la fierté de vos
motifs, fe demander comment de valeureux
foldats deviennent les aveugles inftrumens de
l'oppreffion de leurs pays, comment ils con-
fentent à échanger l'honorable titre de défenfeurs de la liberté, de gardiens du peuple
& de fes repréfentans, contre celui de fatel-
lites d'un Directoire, & de gardes prétoriennes

des plus vils tyrans. Voyez vos concitoyens qui vous préparoient à votre retour des fêtes si touchantes , vous redemander avec amertume leur Constitution violée, se plaindre que vous abusâtes de vos services pour attenter à leurs droits les plus chers , & redoutant de plus grands maux encore de l'audace que vous inspira la victoire , s'effrayer de la paix que vous leur préparez autant que de la guerre elle-même. Soldats , soldats , il en est temps encore , redevenez citoyens , & la Patrie est sauvée , & votre gloire avec elle.

Enfin , nous sommes accusés, & c'est le dernier de leurs reproches , d'avoir entravé le marche du Gouvernement , c'est-à-dire du Directoire.

Qu'on nous montre d'abord que ç'eût été un si grand crime d'opposer en effet quelques entraves à ce pouvoir encore nouveau au milieu d'une nation libre , que ce ne fût pas le conseil de la prudence de ne point lui laisser essayer dès le principe toute l'étendue de ses forces. Qu'on nous montre que les hommes qui composoient la majorité du Directoire devoient nous inspirer, soit par leur conduite passée , soit par leurs intérêts présens , une si

aveugle

aveugle confiance fur l'ufage d'une fi formidable autorité. Grand Dieu! pouvions-nous oublier la fource impure de laquelle quatre d'entre eux étoient fortis? Pouvions-nous oublier que le canon de Vendémiaire leur fraya la route au pouvoir fuprême? Pouvions-nous oublier que la plus fcandaleufe intrigue avoit déterminé leur choix? La feule vue de ces hommes ne réveilloit-elle pas mille fentimens confus d'horreur & d'effroi? & qui n'eût tremblé de fentir les deftinées de la France entre des mains teintes du fang français? Le premier effai qu'ils firent de leur puiffance étoit-il de nature à diffiper ces alarmes? & ces choix de Commiffaires tirés de la lie d'un peuple corrompu, & ces deftitutions d'adminiftrateurs chers aux citoyens qui les élurent, & cet envoi d'odieux Proconfuls dans le Midi de la France, parmi vous, mes concitoyens, pour y reffufciter le régime révolutionnaire, & ces Départemens de l'Oueft privés tout-à-coup des bienfaits de la paix & de la foi promife, que fais-je? tant de traits de fcéleratesse ou d'impéritie que l'hiftoire aura peine à nombrer, étoit-ce donc là des titres fi refpectables pour infpirer une confiance qu'il eût à peine

G

été fage d'accorder aux hommes les plus honnêtes & les plus purs ?

Mais quels font donc en effet ces gênantes
entraves que nous leur avions impofées ? Quel
eft donc cet état de foibleffe & d'impuiffance
auquel nous avions réduit leur autorité? Ecoutez , Peuple Français , & jugez quelle ambition devoit être celle qui au fein d'un fi
immenfe pouvoir ne fe trouvoit pas affouvie.
Ils difpofoient en maîtres de toutes nos forces
de terre & de mer ; ils dirigeoient au-dedans
comme au-dehors de l'Empire , tous les mouvemens d'armées aguerries & puiffantes ; ils
exerçoient fur nos Colonies un empire abfolu ;
ils traitoient feuls avec les Puiffances étrangères ; ils régloient feuls l'emploi des deniers
publics ; ils nommoient à tous les poftes militaires , comme à toutes les places du Gouvernement ; ils pouvoient fufpendre , defti-
tuer , remplacer à leur gré les adminiftrations
choifies par la peuple ; ils étoient entourés de
tout le fafte de la repréfentation & de tout
l'éclat des honneurs. Eh bien ! à ces attributions extraordinaires que la Conftitution leur
avoit affurées ; malgré les reclamations qui s'é-
levoient de toutes parts , malgré l'inconftitu-

tionnalité de la conceſſion même , nous avions
laiſſé s'adjoindre le droit de prononcer ſur
les radiations définitives , celui d'augmenter , par le moyen des adminiſtrateurs de leur
choix , la liſte des émigrés , c'eſt-à-dire , un
pouvoir de vie & de mort ſur tous les individus , un droit de ſpoliation ſur toutes les
familles , une faculté de tout corrompre &
tout intimider par l'eſpérance ou la crainte.
Non contens de mettre ainſi entre leurs mains
la perſonne de tous les Français, nous y avions
dépoſé nos propres perſonnes ; nous ſouffrions
dans le lieu de notre réſidence un corps nom-
breux de janiſſaires à leurs ordres ; nous con-
ſervions pour notre garde une poignée de mercenaires que nous n'avions pas choiſi nous-
mêmes. Dieux ! nous leur avions laiſſé une ſi
épouvantable force, qu'il leur a ſuffi de vouloir pour détruire notre propre autorité, de
l'ordonner pour diſſoudre la Repréſentation
Nationale ; & ils oſent ſe plaindre ! comme
ſi ce n'étoit pas aſſez pour faire exécuter les
loix d'un pouvoir capable de renverſer toutes
les loix ? Ah ! eſt-ce donc ici une amère dé-
riſion de notre bonne foi ? Sont-ce donc ici
les cruelles inſultes du vainqueur ?

G 2

Il eft vrai qu'entre cette multitude de prérogatives que leur accorda fi facilement une
légiſlature dont ils furent l'ouvrage, & dont
la majorité perpétuoit ſon pouvoir, en accroiſ-
ſant leur puiſſance, nous nous étions permis
depuis quelques mois d'en retrancher pluſieurs.
Nous leur avions oté la faculté de mettre les
villes en état de ſiège, celle de deſtituer ar-
bitrairement les militaires, celle de faire ouvrir toutes les lettres; nous avions parlé de
ſoumettre ſes agens à une reſponſabilité plus
ſévère.

Certes, voilà en effet de grands attentats!
c'en eſt un de n'avoir pas ſouffert que trois
Directeurs puſſent à leur gré faire diſparoître
de nos villes toutes les formes de la liberté,
les gouverner par des Généraux, & déployer
un deſpotiſme militaire que les Rois n'eſſayè-
rent jamais! C'en étoit un de vouloir que le
mérite fut encouragé, reſpecté dans nos armées, & que de braves guerriers ne puſſent
perdre, par de capricieuſes deſtitutions, la
récompenſe de leurs glorieux ſervices! C'en
étoit un d'empêcher que de vils Commiſſaires
ne ſaiſiſſent la correſpondance des citoyens,
& ne portaſſent leurs profanes regards ſur les

secrets des familles & les épanchemens de l'a-
mitié ! C'en étoit un de defirer que des agens
chargés de faire exécuter les loix, répondif-
fent de leurs abus de pouvoir devant d'autres
qu'un Directoire qui, fans doute n'étoit pas
le dénonciateur de ceux qui n'étoient que fes
créatures ou fes complices !

Il eft vrai encore, nous avons forcé le Directoire à rappeler les Commiffaires qu'il en-
tretenoit aux Colonies. Il falloit fans doute les
laiffer en poffeffion d'une autorité dont ils fai-
foient un fi noble & fi touchant ufage ! il
falloit attendre que la ruine des Antilles fut
confommée ! il falloit que les Repréfentans
de la Nation contemplaffent d'un œil tranquille la dévaftation, le meurtre & l'incen-
die, & que tandis que le Directoire, inftruit
de tant de défordres, n'en arrêtoit pas le cours,
eux-mêmes n'ufaffent pas de leur prérogative
conftitutionnelle pour y porter un terme ! Eh !
qui fait fi la jufte poftérité, fixant un jour ces
fcènes de défolation répétées fi long-temps
dans ces régions infortunées, fachant qu'elles
fe paffèrent avec l'aveu, fous la protection
de cette autorité directoriale, ne s'étonnera
pas, ne s'indignera pas que nous-mêmes, à

G 3

l'inftant que nous en fûmes inftruits, au lieu
de nous borner à un vain échange de Commiffaires, au lieu de nous confier pour la ré-
paration des excès, aux mêmes hommes qui
les tolérèrent tous, nous ne les ayons pas faifis
dans le mouvement d'une fainte colère, pour
les arracher du trône qu'ils fouilloient, pour
les livrer à la vengeance des tribunaux , &
les vouer à l'exécration de l'humanité toute
entière.

Il eft vrai enfin, & c'eft là notre irrémif-
fible crime, nous n'avons pas fatisfait l'infa-
tiable cupidité de nos Directeurs. Il ne leur
fut permis d'engloutir, dans l'efpace de dix-
huit mois, que onze cents millions en numéraire, comme l'ont prouvés des calculs énon-
cés à la tribune des Anciens ; & depuis quelque temps, inceffamment occupés de la ref-
tauration de nos finances, condamnés à l'alternative d'accroître les revenus ou de dimi-
nuer les dépenfes, d'ajouter à la maffe déjà
exceffive des impôts, ou de porter dans leur
adminiftration la plus févère économie, nous
n'héfitâmes point, nous épargnâmes l'induftrie renaiffante, nous frappâmes fur des abus
invetérés, nous portâmes l'ordre dans le fein

du chaos, nous enlevâmes au Directoire l'ar-
bitraire difpofition des deniers publics, nous
voulûmes lui interdire, & ces négociations
infenfées & ces anticipations ruineufes qui lui
fervoient à dévorer avec nos richeffes préfentes nos reffources futures ; nous lui fimes
perdre l'efpoir de nous arracher ces impôts indirects qu'il attendoit tout enfemble, & pour
les diffiper & pour nous calomnier ; en un
mot, nous préférâmes au fyftême qui devoit
être le plus commode au Directoire, celui qui
fut le plus utile au peuple. Une telle réforme
fut un forfait fans doute. De-là, comme d'une
fource empoifonnée, tant de calomnies qu'ils
verfèrent fur nous, ces reproches d'avoir laiffé
languir le fervice quand ils l'interrompîrent
eux mèmes, d'avoir accru la mifère des rentiers quand ils jouèrent à la baiffe de nos effets publics. De-là, après toutes les calomnies,
toutes les menaces ; après toutes les menaces,
toutes les violences ; notre confpiration royale
ne fut que leur confpiration financiére ; ils
avoient épuifé le tréfor par des profufions,
ils dévoient le remplir par des crimes.

Suivez, au refte, dans cette même carrière

ces nouveaux adminiftrateurs. Voyez ce que
la fortune publique & les fortunes particulières font devenues dans leurs mains. Le peuple gémiffoit fous le poids de fes anciennes
charges ; ils l'écrafent de contributions nouvelles ; ils rétabliffent ces impôts indirects dont
le nom feul lui étoit odieux , & dont le rappel fembloit paffer notre puiffance. Ils placent
dans le nombre cet impôt des loteries que fon
immoralité profonde interdiffoit à de vertueux
légiflateur , autant que les vices inféparables
de fa perception devoient en éloigner des fi-
nanciers éclairés. Ils raviffent au malheureux
rentier le dernier bien qui lui reftoit, l'efpérance ; ils prétendent le payer en lui livrant
des *Bons* avilis qui ne lui repréfentent qu'une
foible portion de fa créance , qui ne lui affurent qu'un genre de propriété hors de toutes
fes convenances , & dont il ne peut même
fe fervir pour acquitter fes propres créanciers.
Ainfi ils frappent avec lui une foule de citoyens, ainfi la banqueroute répond à la France
entière ; & déjà depuis le 18 Fructidor, les
infcriptions éprouvant une nouvelle baiffe, nos
changes dégradés , le crédit affoibli, la cir-
culation arrêtée , l'induftrie découragée , at-

teſtent à l'Europe la confiance de la France
dans ſes nouveaux gouverneurs, & font avec
la plus cruelle ſatyre de leur adminiſtration,
l'éloge le moins équivoque de la nôtre.

Je touche enfin au dernier, au plus grave,
au plus perfide des reproches. Le Directoire
nous accuſe d'avoir entravé ſes négociations
pour la paix ! La paix ! Malheur à nous, ſi
nous avions en effet concouru à prolonger cette
effuſion du ſang humain dont l'Europe gémit
depuis cinq années ! Mais où ſont donc les
preuves d'une ſi atroce imputation ? quelles
négociations avons-nous arrêtées ? quelles négociations nous furent même connues ? quand
le Directoire, ſeul chargé de les commencer &
de les finir, a-t-il daigné, pendant un ſi long
eſpace de temps, nous entretenir une ſeule fois
de l'état de nos rapports avec les Puiſſances en-
nemies ? qui pourroit décider, lorſqu'il gar-
doit le ſilence, s'il ne lui étoit point fait de
propoſitions admiſſibles ; s'il n'y répondoit
point par des prétentions exagérées ? Le myſ-
tère qu'il affectoit ne tourne-t-il pas toutes les
préſomptions contre lui ? & ſi quelque choſe
a tranſpiré en effet de ſes délibérations, qu'y
voyons-nous ? qui, parmi eux, vouloit preſ-

foit la paix ? qui, par fon énergique réfiftance, empêcha, il y a trois mois, que le
fignal des combats ne fut donné de nouveau ?
Barthélemy, Carnot, c'eft-à-dire, ceux-là même qu'on fuppofe nos complices, & qui fans
doute, fur ce point important, partageoient
nos projets, & s'affocioient à nos vœux.

Nous entravâmes la paix ! Etoit - ce donc
notre intérêt ou le fien de prolonger la guerre ?
la paix n'étoit-elle pas le moyen le plus fûr
d'affoiblir fon autorité, comme la guerre celui
d'ajouter à fa puiffance ? n'eft-ce pas dans la
guerre que par la direction de nombreufes armées, par la poffeffion d'immenfes tréfors,
par la diftribution d'une foule d'emplois,
par l'éclat de la victoire, un pouvoir-exécutif
peut acquérir & conferver une prépondérance fatale (*) ? Ils connoiffoient fi bien ce
fecret de leurs forces ! avoit-il pu nous échapper ? & quelle contradiction eût-ce donc été
de combattre leur pouvoir & d'en écarter le
frein !

_____

(*) On conçoit qu'il a peu befoin de cette reffource, lorfque, comme à ce moment, il joint au
pouvoir d'exécuter les lois, celui de les faire.

La paix ! Eh ! qui d'entre nous travailloit efficacement à la préparer par fon caractére & fa conduite ? quel fut le grand principe de la guerre, le grand obftacle à la paix ? ne fut-il pas dans nos doctrines révolutionnaires, dans cet infenfé projet de renverfer tous les trônes, de bouleverfer tous les Empires, dans l'immoralité de nos Gouvernans, dans l'inftabilité de notre Gouvernement ? qui donc ouvroit les voies à la pacification générale, où ce Directoire dont les membres (*) étoient auffi méprifés en Europe qu'abhorrés dans leur pays, ce Directoire encore imbu des maximes révolutionnaires & lié par tant de nœuds à la faction qui les profeffa, ce Directoire qui avoit violé la foi des traités vis-à-vis des Américains, renverfé les Gouvernemens de Venife & de Gênes, envahi par fes généraux, fous les plus frivoles prétextes, le territoire des neutres, ou ce Corps-légiflatif dont l'efprit confervateur & modérateur promettoit quelque folidité à nos inftitutions politiques, ce Corps

---

(*) Je n'ai pas besoin d'avertir que dans tout ce que je puis dire des actions du Directoire, je n'entends parler que de la majorité du Directoire.

légiſlatif qui proclamoit toutes les idées libé-
rales, qui s'annonçoit pour vouloir enfin obſerver les traités, reſpecter les Gouvernemens
& porter dans nos relations politiques avec
toutes les puiſſances, un caractère de bonne
foi & de juſtice, qui pouvoit ſeul nous conſerver nos amis & nous en former de nouveaux ? Ah ! ce furent ſur-tout nos crimes,
nos menaces qui mirent contre nous les armes à la main de tant de peuples ; c'étoit ſur-
tout nos vertus & notre modération qui devoient les engager à les dépoſer.

La paix ! Nous l'invoquions dans tous nos
diſcours, nous l'appellions par tous nos vœux.
Les perfides ! ils n'avoient garde de la vouloir
alors, ils la feront aujourd'hui. Ils la feront
pour ſatisfaire au cri d'une Nation indignée,
pour couvrir tant d'attentats de l'ombre d'un
bienfait, pour perſuader que notre préſence
y étoit le ſeul obſtacle, pour s'environner des
ſeuls ſoutiens d'un pouvoir uſurpé & contenir
les citoyens par les ſoldats. Ils la feront, mais
n'en doutez pas, elle ne ſera que paſſagère ;
& continuant à profeſſer toutes les maximes
révolutionnaires, & inondant tous les pays
alliés de leurs apôtres de rebellion ; ils fécon-

deront en effet, fous l'apparence de la paix, tous les germes d'une guerre nouvelle & plus fanglante. Ils la feront, mais n'en doutez pas encore, elle ne fera que partielle ; & tandis que l'éclat de nos victoires & le nombre de nos conquêtes leur permettoit, fi le foin d'un honorable indépendance les avoit feul occupés, de dicter la paix au monde, vous les verrez, en éteignant dans une partie de l'Europe le flambeau de la difcorde, le fecouer ailleurs avec plus de fureur ; peut-être reprendre leurs infenfés projets de conquérir une Nation rivale, & propofer encore à ces armées épuifées, aux triftes reftes de notre plus floriffante jeuneffe, de s'en aller verfer des flots de leur fang fur les rivages de l'Angleterre, pour la plus grande gloire de quelque Général, pour la plus grande commodité de quelque Directeur, & pour tout ces affemblage immonde de honteux intérêts perfonnels qu'il leur a plu de décorer du nom facré de la Patrie.

C'eft ainfi que nous avons entravé la marche du Gouvernement ; c'eft ainfi que nous avons gêné quelquefois l'effufion de fa fenfibilité pour le peuple. Ah ! s'ils veulent en effet

nous décrier auprés de ce peuple , au lieu de
ces dérisoires reproches , que ne nous accu-
sent-ils de les avoir cru moins pervers & moins
audacieux qu'ils n'étoient ? que ne nous ac-
cusent-ils d'avoir concouru par notre excessive
confiance à notre propre renversement , de
n'avoir pas osé faire la plupart des actes qu'ils
nous imputent? Dieux ! la Constitution , l'o-
pinion publique nous laissoient encore tant de
de moyens pour enchaîner cette puissance terrible ! nous ne l'avons pas fait. Nous pûmes
lancer l'acte d'accusation ; nous publiâmes le
pardon. Nous pûmes évoquer la colère du
peuple ; nous ne proclamâmes que la paix.
Nous pûmes congédier leurs soldats; nous leur
fîmes l'honneur de les croire citoyens. Nous
pûmes organiser l'attaque ; nous ne préparâ-
mes pas même la résistance. Ils agissoient ; nous
délibérions encore. Ils violoient tous les principes ; nous étions arrêtés à des scrupules. La
nuit fatale a étendu ses ombres, l'heure fu-
nèbre a sonné ; ils ont dit, & nous n'étions
déjà plus. Ah ! tant de confiance, tant de loyau-
té ! voilà, voilà notre crime , notre véritable
erreur. Peuple français, nous nous dénonçons
nous-même à ton tribunal. Pardon, de n'avoir

point conſpiré pour te ſauver quand tes ennemis conſpiroient pour te perdre. Pardon, de
n'avoir ſappé ce coloſſe de puiſſance qui a ren-
verſé ta liberté ! Pardon, de n'avoir oppoſé
que les armes de la bonne foi à la plus profonde malice ! Pardon, de n'avoir été que
juſtes, quand nous dûmes être ſévères & terribles. Abſous-nous, abſous-nous des maux
qu'ils te font & des maux qu'ils te préparent. . . . .

Vous, ſur-tout, Lyonnois, vous, les plus
énergiques des Français, votre Député s'accuſe devant vous d'une déférence qu'il crut
un devoir. Il s'accuſe d'avoir contenu le mouvement impétueux qui chaque jour l'eût porté
à la tribune pour y demander, au nom du
peuple français, l'éclatante punition des traî-
tres. Il s'accuſe de s'être laiſſé perſuader que
dans ces tems de trouble & d'orage, c'étoit
la ſageſſe des vieillards, plutôt que l'audace
de la jeuneſſe, qui devoit s'emparer du gou-
vernail & conjurer la tempête.

Je pourrois m'arrêter ici ſans doute, & con-
ſidérer ma tâche comme remplie. J'ai fait évanouir ce fantôme que nos adverſaires avoient
créé pour maſquer leurs attentats ; j'ai montré

qu'ils n'étoient appuyés , ni fur des preuves
juridiques, ni fur des inductions morales; que
notre caractere , notre conduite, nos actes at-
teftoient même l'abfurdité de l'accufation in-
tenté; qu'ainfi tout fe taifoit pour eux , comme
tout parloit pour nous, & qu'ils avoient accufé , non-feulement fans preuves , mais contre toutes les preuves & la plus manifefte
évidence.

C'en feroit affez pour les condamner en nous
juftifiant , pour éclairer les plus aveugles fur
l'illégalité de leurs actes & la nature d'un pouvoir qui s'appuya fur la plus lâche des calomnies.

Mais fi j'ai dit tout ce qui fuffit , je fuis
loin d'avoir tout dit. Je fuis loin d'avoir épuifé
cet épouvantable abyme de fcélérateffe & d'impofture. Mettez à part tout ce que je vous ai
expofé jufqu'à cette heure , oubliez, s'il eft
poffible , que nous fûmes innocens ; croyez
un inftant fur leur parole à toutes leurs fables ,
& voyons fi les crimes même qu'ils nous imputent peuvent juftifier les attentats qu'ils ont
commis ; s'ils pourront y trouver l'ombre d'un
prétexte ou d'une excufe.

Telle eft en effet, ô Français ! l'étrange infulte

fulte que vos tyrans ont faite à tous les principes, telle eft la violation innouie qu'ils fe
font permife de tout ce qu'il y a de facré parmi les hommes, que ces génies fi fertiles dans
l'art de créer des calomnies, n'ont pu en in-
venter une feule qui même les excufe auprès
de ceux qui les croyent, & que leur auda-
cieufe entreprife ne peut pas recevoir, je ne
dis pas des faits, mais de leurs noires fuppofitions, une couleur de légitimité.

« Il s'eft ourdi, difent-ils, une confpiration
» tendante à renverfer la Conftitution, à ré-
» tablir la Royauté. Ses auteurs réfidoient dans
» le fein du Corps-légiflatif & du Directoire.
» On les connoiffoit tous ; on pouvoit tous les
» convaincre ». — Eh bien ! la Conftitution
n'avoit-elle pas prévu cette hypothèfe ? n'a-
voit-elle par réglé la marche qu'on devoit fuivre, fi l'on n'avoit en effet travaillé que pour
elle, fi l'on n'avoit fait qu'obéir à fa voix ?
Elle avoit ordonné de nous dénoncer, & pref-
crit la forme de la dénonciation. Elle avoit
enjoint de nous faire comparoître fous un délai
déterminé ; elle avoit tracé fuivant quel mode
on décideroit s'il y avoit lieu à une accufation

H

légale ; elle avoit fur-tout inftitué des tribunaux pour nous juger (1).

Ont ils accompli ces devoirs ? Ont-ils rempli ces formes ? En ont-ils rempli une feule.
Non ; mais écoutez ce qu'ils ont fait. En omet-
tant ce que la Conftitution leur prefcrivoit ,
ils ont fait encore ce qu'elle leur interdifoit ;
& comme fi ce n'étoit point affez de ces premières tranfgreffions, ils en ont ajouté de nouvelles & plus criminelles , encore.

La Conftitution réfervoit au Corps - légiflatif le droit de police dans le lieu de fes féances , & dans l'enceinte déterminée par lui (2).
Les loix défendoient fous peine de mort, au
Directoire & à tous fes agens , d'introduire
une force armée quelconque dans ces mêmes
falles ou dans cette enceinte (3) , de faire
aucun effort pour empêcher la réunion , ou
pour opérer la diffolution du Corps légiflatif,
de gêner la liberté de fes délibérations (4) ,

---

(1) Lisez les articles 110 à 123 et l'art. 158.

(2) Acte constitutionnel , art. 62

(3) Code pénal , art. 622. -

(4) Idem , art. 620.

de porter atteinte à la liberté individuelle d'un de ſes membres ; & le Directoire a fait dans la nuit du 18 Fructidor, attaquer & occuper par ſes troupes le jardin des Thuileries & les ſalles des deux Conſeils ; & ſes Généraux s'y ſont permis d'ordonner des arreſtations ; & les ſoldats ont porté leurs mains ſur ceux-là même qui exerçoient, au nom du Corps-légiſlatif, la police que la Conſtitution lui réſerve ; & lorſque les Préſidens & les Membres des deux Conſeils ſe préſentent à l'heure ordinaire des ſéance, cette ſoldateſque impie les menace de ſes bayonnettes. Ils voient leurs perſonnes inſultées, outragées dans le lieu même où leur autorité ſeule pouvoit être reconnue, où leur voix ſeule pouvoit donner des ordres.

La conſtitution avoit preſcrit que les ſections du Corps-légiſlatif ne pourroient délibérer ſi elles ne ſe trouvoient compoſées de deux cents membres au moins pour le Conſeil des cinq cents (1), & de cent vingt-ſix pour les Anciens (2) ; & une poignée de conjurés (3),

(1) Voyez l'art. 75.
(2) Art. 85.
(3) Je diſois, ce même fait connu de toute la France

réunis fans convocation l'égale & publique ;
dans des falles que le Directoire a préparées ,
dont feul il ouvre & ferme l'entrée, ofe s'in-
tituler Corps-légiſlatif, s'environne de fa garde,
imite fes formes , contrefait fon langage exerce
fon autorité , que dis-je? fait plus que le Corps-

---

et constaté par les procès verbaux de cette séance ,
dans ma protestation aux Lyonnois écrite le 15 fructidor. Michaud a dénoncé cette assertion à la tribune , et s'est plaint de l'imposture. Savez-vous comment cet habile homme , ce bon logicien vouloit me
prouver que j'avois menti sur le nombre des Députés assemblés le 18 à l'Odéon ? Il proposoit de faire
imprimer la liste des Députés réunis, un mois après,
aux Conjurés, après une longue hésitation de leur
part , et par des motifs plus ou moins respectables.
La réponse du profond Bailleul fut bien plus con-
cluente. Il observa que j'étois un des agens les plus
actifs de la conspiration royale, que dès lors tous
les faits que j'avançais ne pouvoient être que faux ,
tous les raisonnemens que je formoient ne pouvoient
être que vicieux , que le Corps Législatif étoit même
honoré de mes reproches, et qu'il falloit passer fiè-
rement à l'ordre du jour. On y passa. Quelle dignité!
J'espère bien que Bailleul et ses dignes collègues, se
tireront avec la même majesté des argumens un peu
pressans ; répandus par fois dans cet écrit.

légiflatif ne fit jamais, & qu'il n'eût droit à faire.

La Conftitution avoit interdit au Corps-légiflatif de s'attribuer jamais aucune portion de pouvoir judiciaire (1), elle ne lui avoit donné fur fes propres membres qu'un fimple droit de police; elle ne lui avoit permis de les condamner au plus qu'a trois jours de pri-fon (2) , & ce prétendu Corps-légiflatif, érigé fubitement en tribunal, juge, condamne une foule de citoyens, cinquante-deux Repréfen-tans, deux Directeurs, prononce fur le fait, applique la peine, & livre à la difcrétion des trois autres Directeurs les malheureux qu'il a frappés (3).

La Conftitution avoit déclaré qu'aucun membre du Corps légiflatif ne feroit accufé pour ce qu'il auroit pu dire ou écrire pen-dant l'exercice de fes fonctions (4); et ces juges nouveaux, en fe permettant de pro-

(1) Art. 44 et 202.

(2) Art. 63.

(3) Voyez les dispositions de la loi du 19 fructidor.

(4) Art. 110.

H 3

noncer, que ceux qui n'ont pas ce qu'ils appellent des *opinions républicaines*, ne peuvent fiéger au Corps légiflatif, leur reprochent même la penfée. Non-feulement ils la condamnent, mais ils la puniffent; mais ils declarent qu'elle a fuffi pour qu'une élection foit illégale & nulle. (1)

La Conftitution avoit concentré l'autorité du Directoire dans l'exécution des loix. Elle lui avoit refufé le droit de les faire (2). Les fonctions judiciaires lui étoient également interdites. (3) Il étoit obligé de livrer fans délai, aux tribunaux, de fimples citoyens arrêtés; et le 18 Fructidor nous lifons, dans

---

(1) On voit, dit le Directoire, dans son message du 18, qu'Imbert Colomès n'est point républicain, et ne peut en conséquence siéger au Corps Législatif, comme représentant du peuple François, pas plus que Mathieu Dumas, le Marchand Gomicourt, et tant d'autres, *du royalisme desquels nous nous réservons de donner des preuves incontestables.*

Voyez aussi le préambule de la loi du 19 fructidor.

(2) Const. art. 144. Code pénal, art. 623.

(3) Const. article 202—145. Code pénal, art. 633, 634, 635.

les rues, des loix Directoriales, qui condamnent à la mort avec des formes nouvelles.
et le 19 Fructidor, il reçoit, du prétendu
Corps légiflatif, le droit de déterminer le
lieu où feront envoyés les déportés, c'eft-à-
dire, de prononcer un fecond jugement, en
fixant la nature et le dégré de la peine qu'ils
auront à fouffrir.

Voilà les violations de la Conftitution que
fe font permifes à notre égard ces Légiflateurs, ces Directeurs; mais que parlè-je de
Légiflateuts, de Directeurs? A peine trouvè-je
parmi ces aucacieux violateurs de la Conftitution, des hommes qui euffent eux - mêmes
quelque titre conftitutionnel; à peine trouvè-
je parmi ceux qui annulloient ainfi les man-
dats de leurs collègues, des hommes qui
tinffent leur propre mandat d'une élection
libre et légale. Ils furent prefque tous les
membres de cette Convention qui naquit
au milieu des poignards de Septembre, et
fe maintint par le canon de Vendémiaire; je
cherche, parmi eux, les mandataires du peuple, je n'y vois que les affaffins du peuple.

Que parlè-je fur-tout de Conftitution, de
loix violées, quand les premières regles ad-

H 4

mifes dans toutes les fociétés, confacrées par l'affentiment des Nations, ont été dans cette occafion nouvellement enfreintes? Que parlè-je des formes inftituées pour le jugement des Repréfentans ou des Directeurs, quand les formes protectrices du fimple citoyen accufé. ont été scandaleufemeut abandonnées? Que parlè-je des prérogatives de notre inviolabilité légale, alors que la commune juftice eft refufée, que les droits facrés de la nature font eux-mêmes foulés aux pieds? Qui vit jamais un femblable fpectacle? Quelle fcène d'opprobre fut ouverte à la France! Les mèmes hommes portent la loi & l'appliquent à l'inftant. Ils font à-la-fois juges, jurys, accufateurs et parties; et quelles parties! les plus ardens, les plus cruels des ennemis. Nulle difcuffion n'eft ouverte. A peine écoute-t-on une rapide lecture de quelques pieces fournies contre deux des accufés. Nul d'entr'eux n'eft entendu, nul n'eft cité pour comparoître, aucun défenfeur ne paroît à leur place, aucun délai n'eft accordé, aucune récufation n'eft admife. Les fuffrages fe donnent publiquement en préfence des mèmes hommes qui provoquent la vengeance et la

pourfuivent, au milieu des bayonnettes, fous
la bouche du canon. Les voix font recueillies
à la fimple majorité relative ; que dis-je ? cinq
à fix voix s'élevent et font loi dans le filence
de toutes les autres......

Dieux ! les bêtes féroces dévorées par la
faim, fondent-elles fur leur proie avec plus
d'impétuofité, que de tels juges fur les victimes de leur fureur ?

Eh ! que fera-ce encore, fi l'on vient à
penfer que les hommes vis-à-vis desquels ils
en agirent de la forte, étoient leurs propres
collegues, réunis chaque jour avec eux dans
le temple des loix, affociés à eux dans l'exercice des plus nobles et des plus touchantes
fonctions, qui leur appartenoient non-feulement par les rapports de citoyens et d'hommes ; mais encore par cette belle confrater-
nité, fi douce pour qui fait la fentir ; lorfqu'on vient à confidérer que les premieres
victimes facrifiées par les trois Directeurs,
font précifément les deux hommes avec lesquels ils entretenoient ce commerce journa-
lier qui amollit les haines les plus inflexibles ;
que l'un d'eux étoit leur ancien ami, et que
l'autre, cet homme d'un caractere fi honnête

& de mœurs si douces, ne put jamais avoir un ennemi? Malheureux! s'il n'étoit rien là qui vous parut mériter quelques égards, que ne vous respectiez-vous du moins en eux? Que n'affectiez-vous quelque considération apparente pour un caractere dont vous étiez revêtus? Que ne pensiez-vous que vous étiez exposés aux regards de cette France, dont vous vous êtes faits les chefs, et dont vous vous dites les Législateurs? Que n'apperce-viez-vous sur-tout le terrible exemple que vous veniez d'offrir à tant d'ennemis qui vous pressent, la voie abrégée que vous traciez pour arriver jusqu'à vous, et la sanction an-ticipée que votre main imprimoit à ces pros-criptions dont vous serez les victimes?

Au reste, ils sont convenus eux-mêmes, admirez la bonne foi! ils sont convenus qu'ils s'étoient écartés de la ligne constitu-tionnelle.» Mais les moyens qu'offroit cette » Constitution ne suffisoient pas à sa défense. » Ils l'ont un instant violée pour la sauver. » Ils lui ont désobéi pour l'amour d'elle.»

François, remarquez d'abord ici l'horrible blasphéme contre cette Constitution, dont ils ont sans cesse le nom à la bouche, et qu'ils

exaltent comme la plus parfaite production
de l'esprit humain. Quoi! ce n'est pas seulement par un accident qu'elle péche, c'est
par sa base. Quoi! elle renfermoit en elle-
même le principe de sa propre dissolution!
elle n'avoit pas prévu cette hypothèse si simple, qu'une minorité dans les Conseils & le
Directoire pût conspirer, où elle avoit si mal
organisé la forme des élections, & l'équili-
bre des pouvoirs, pour que la majorité même pût devenir conspiratrice, & vouloir la
détruire de ses mains! Qui nous répondra
maintenant que ses auteurs qui commirent
un si étrange oubli, n'en ont pas commis de
plus importans ? Qui nous répondra que la
Nation qui ne l'a pas apperçu, ne s'est pas
trompée sur les autres parties? Et le moyen
de croire qu'une Constitution qui, selon eux,
n'eût pas les conditions pour exister deux
ans, soit cependant celle qui doive élever la
France au plus haut dégré de bonheur & de
gloire? Ah! s'il étoit vrai que nous eussions
en effet conspiré pour la détruire, quelle
apologie pour nous que les audacieux reproches dont ils la chargent eux-mêmes!

Les moyens que présentoit la Constitution ne

fuffifoient pas pour la fauver ! Réduifons cette vague·réponfe à fes termes précis, et entendons-nous, s'il eft poffible. Qu'ils répondent: La majorité du Corps légiflatif étoit - elle complice de la conjuration Royale, ou ne l'étoit-elle pas?

Si elle étoit complice, s'ils le favoient à l'avance, s'ils en avoient les preuves, je le demanderai une feconde fois : Pourquoi n'ont-ils donc pas dénoncé, pourfuivi tous les coupables? Pourquoi, dans leur mémorable féance du 18 Fsuctidor, ne déporter que cinquante-quatre au lieu de cinq cents, comme ils en avoient le pouvoir? ou, puifqu'ils ufoient de clémence envers la foule, que ne publioient-ils du moins les preuves contre elle, pour juftifier leur conduite, & montrer au peuple que leurs inconftitutionnelles mefures furent néceffitées par la corruption de la majorité même?

Que fi au contraire elle n'étoit pas complice, comme nous devons le croire, depuis que Boullay, leur grand orateur, (1) nous

---

(1) Autorité d'autant plus respectable, que lui mê-

en a pofitivement affuré ; une nouvelle question refte à faire. Auroit-elle admis leur dénonciation, ou ne l'auroit-elle pas admife ?
S'ils affurent que cette majorité droite, honnête, amie de la conftitution, eût rejettée la

---

me assure *avoir une grande confiance dans ses ob-*
servations. Voyez la séance du 4e. comp.

Puisque ce Boullay revient encore sous ma plume,
je ne puis me refuser à en dire deux mots. Cet homme
n'est point aussi méchant qu'on le croit généralement
en France, et que sa trahison semble l'annoncer.
Son ame est naturellement étroite ; une misérable
vanité est le principal mobil de sa conduite. Il brigua
et obtint sa nomination dans son département, par
quelques homélies sur *la Religion de nos pères.* Il
fut long-tems ignoré parmi nous ; son discours sur
la liberté des cultes le tira de l'obscurité. Ce discours
dépourvu, comme tous ceux qu'il a prononcés, de
feu, d'originalité, de vrai talent, mais fort de je ne
sais quelle logique de barreau qui consiste à disposer
des absurdités en bon ordre, en les accompagnant
d'un geste argumentatif, rempli de tous les lieux
communs contre les prêtres réfractaires, et débité
avec onction, produisit quelqu'effet dans l'Assemblée. On lui accorda l'honneur des trois exemplaires
Ces trois exemplaires l'ont perdu. Il se crût dès lois
appellé à jouer un rôle important. Nous le vîmes

dénonciation, quoique accompagnée de ſes preuves, ils ſentent donc que ces preuves n'é-toient pas démonſtratives, puiſqu'elles n'au-roient pu convaincre ces hommes de bonne foi? & alors, comment leur ont-elles ſuffi à

---

augmenter ſenſiblement ſon volume. Il reſta quelque tems incertain entre les deux partis. Pluſieurs d'en-tre nous étoient touchés de ſon patelinage, et dans le ſentiment de confiance qui leur étoit familier, l'euſſent volontiers porté au bureau, comme ce Gé-néral Jourdan, qui a ſi dignement répondu à leur attente. Enfin, les éloges de Poultier, qui l'avoit comparé à Mirabeau, l'eſpérance bien fondée de briller avec plus d'éclat dans le parti contraire, d'at-teindre, avec du tems et du travail, à la gloire de Bailleul, de Gayvernon, de Barailhon, et quelques autres, le fixèrent irrévocablement parmi les Mon-tagnards. Il s'offrit à l'un des Directeurs, ſe fit ſon orateur à gages, et prépara ſous ſes ordres la révo-lution du 18 fructidor. On le vit ce jour là ſe rendre à ſix heures du matin au Directoire. Il obtint d'être le rapporteur de la fameuſe commiſſion qui devoit ſauver la Patrie. Il vint propoſer, dans ſa ſageſſe, et ſur-tout ſa douceur, la bénigne meſure de la dé-portation de ſes collègues, et put ſatisfaire ſa ſoif de la renommée, aſſuré, comme il l'eſt, d'aller à la poſtérité dans la compagnie de l'immortelle loi du

eux - mêmes ? & alors de quel front ofent-
ils les préfenter à la France comme l'irréfra-
gable juftification de leur conduite ?

Enfin, cette majorité auroit-elle admis la
dénonciation, décrété l'acte d'accufation, fe-
condé la majorité du Directoire ? Leurs me-

---

19 fructidor. On sait la glorieuse carriére qu'il a
fournie depuis. Il a parlé sur toutes les mesures à
prendre, quelquefois même sur des mesures déjà
convenues, ne voulant pas, comme il le dit lui-
même, que l'Assemblée perdit l occasion de son discours. Les Montagnards qui le méprisent et le bri-
seront quand il en sera tems, ne craignent point de
voir proposer leurs loix les plus cruelles, par un
député du nouveau tiers, dont les mains n'étoient
pas encore teintes de sang. Seulement l'autre jour,
dans son rapport sur les Nobles, il s'est trouvé au-
dessus de la hauteur; il a fallu que quelques frères
vinssent le remettre au pas, et que Chenier entre
autres lui prêchât l'humanité. Comme il n'a point
d'opiniâtreté dans le caractère, il a de suite sacrifié
son projet, quoique très-bien raisonné, non par
conviction, a-t-il dit, mais par cet amour de paix
qui brûle dans son cœur. Voilà le chemin qu'a fait,
en si peu de tems, un député élu en germinal. Quel
immortel honneur pour le Département qui a fait un
tel présent à la France !

fures révolutionnaires devenoient donc inuti-
les ; la Conftitution étoit mife en activité , &
la Patrie étoit fauvée.

Les moyens qu'offroit la Conftitution , ne fuf-
firent pas pour la défendre ; mais eft-ce donc
là la queftion ? La Nation a-t-elle voulu ces
moyens , ou ne les a-t-elle pas voulus ? Voilà
la feule demande que vous aviez à vous faire.
Si elle les a voulus, fi elle les a fanctionnés ,
comme le refte de la Conftitution , qui êtes-
vous pour juger de leur imperfection ou de
leur infuffifance ? Qui êtes-vous pour vouloir
fauver le peuple à votre manière & non pas
à la fienne ? Qui êtes-vous pour mieux connoître que lui fes befoins ou fon bonheur ?
eft-ce donc d'après vos miférables fyftêmes ,
ou d'après fa volonté fuprême, que vous de-
vez régler votre obéiffance & votre conduite?

Eh ! que deviendroient les fociétés humaines , s'il falloit attendre pour la foumiffion
de chacun aux loix , fon approbation des
loix ?

Les moyens qu'offroit la Conftitution ne fuffi-
foient pas pour la fauver ! Mais le premier, le
plus efficace moyen de conferver une Conftitution , n'eft-ce pas d'en obferver religieu-
                                        fement

fement toutes les parties? ne doivent-ils pas
savoir, ces profonds politiques, que la grande
force morale, qui maintient les Gouvernemens, eſt l'habitude du peuple dans cette
eſpèce de culte dont ils ſont devenus l'objet,
que toute infraction aux loix, ſur-tout dans
leurs ſuprêmes gardiens, les dépouillant de
cette heureuſe magie qui les entoure & les
défend, ouvre la voie à mille infractions nouvelles, & qu'ici, l'Arche ſainte eſt briſée à
l'inſtant qu'elle eſt touchée ? Ne devoient-ils
pas réfléchir ſur - tout, s'ils avoient eu quelque pitié de leur infortunée Patrie, qu'après
une révolution où toutes ces habitudes d'ordre avoient été rompues par la licence des
maximes & la mobilité des inſtitutions, où
les loix les plus ſacrées, immolées sans ceſſe
à des prétextes de ſalut public, avoient laiſſé
le peuple flotter au gré de toutes les paſſions,
comme de tous les factieux, quand il commençoit à ſe rattacher depuis deux années à
des loix permanentes, quand le culte d'une
conſtitution ſe fondoit parmi nous, ſapper ſu-
bitement cette religion naiſſante par une éclatante infraction, parler encore de voiler la
loi pour ſauver la liberté, c'étoit nous re-

I

plonger dans une anarchie déformais fans re-
méde , & porter le défefpoir dans le cœur de
tous les bons citoyens ?

*Les moyens que préfentoit la Conftitution ne fuf-
fifoient pas pour la fauver !* Que difent-ils ? quoi !
ces moyens ne leur ont pas fuffi ! quoi ! ces
formes les ont gênés ! Quelle lumière fur leurs
projets ! Mais elles ne devoient gêner que les
factions. Mais elles avoient été établies comme un rempart contre elles. Mais elles étoient
la partie la plus précieufe de la Conftitution
même. Mais elles avoient été combinées d'une
telle manière , qu'elles fuffent utiles à tous les
vrais amis de la Patrie , & vaines aux mains
des factieux ; qu'elles fuffent fuffifantes à qui
chercheroit fincèrement à défendre la Conftitution , & impuiffantes pour ceux-là feuls
qui , fous prétexte de la fecourir , tenteroient
de la renverfer.

Voyez en effet avec quelle fageffe elles furent inftituées , ces formes tutélaires ! Un tribunal fuprême avoit été élevé hors du Corps-
légiflatif & du Directoire , pour juger les Légiflateurs & les Directeurs qui feroient prévenus de quelque crime , afin qu'étranger à
tous les partis qui s'élèvent entre eux , il ne

pût recevoir aucune impulſion des intérêts qui les agitent.

Les membres de ce tribunal étoient élus par le peuple, appelés de tous les Departemens; ſa réſidence ne pouvoit être fixée dans la Commune où réſidoit le Corps-légiſlatif & le Directoire, afin que même l'influence des circonſtances locales ne pût arriver juſqu'à lui.

Il falloit avant toutes choſes, que la dénonciation fut admiſe par le Corps légiſlatif. Il falloit que les prévenus fuſſent appelés, entendus; que la dénonciation ſubit les trois lectures conſtitutionnelles, afin que la vérité eût le temps & l'occaſion de ſe produire, que la maturité de la délibération en garantit la ſageſſe; que tout y fût au profit de la raiſon, & rien à celui de la paſſion.

Enfin, ſoit dans le tribunal de Haute-Cour nationale, ſoit dans le ſein du Corps-légiſlatif, c'étoit à la majorité des ſuffrages émis par les élus du peuple, que l'accuſation étoit prononcée, que le jugement étoit porté, afin que la ſentence pût être conſidérée comme une émanation de la juſtice nationale & la voix du peuple lui-même. Et par où ſon opinion pouvoit-elle mieux ſe manifeſter que par celles

d'hommes qu'il connut & qu'il choifit ? Et
où fe réuniffoit mieux toutes les probabilités
de l'intégrité, du patriotifme & des lumières,
que dans la majorité de ceux qu'il chargea
de lui donner des loix, aux mains defquels il
remit fes intérêts les plus chers ?

Eh ! quel autre donc qu'une minorité fac-
tieufe pourroit jamais fe récrier contre de femblables inftitutions, & fe plaindre de leur infuffifance ? quelle eft la route qu'elles ferment,
fi ce n'eft celle de l'ambition & de la révolte ?
que falloit-il donc que la Conftitution fubf-
tituât à ces formes falutaires? fans doute qu'elle
permit à une poignée de Légiflateurs, furti-
vement affemblés, de fe porter en un inftant
les accufateurs, les juges de leurs collègues,
de diffoudre la Repréfentation nationale, de
prononcer qu'eux feuls demeurèrent purs, vertueux, fidèles, qu'elle livrât ainfi la perfonne
de fes Repréfentans, les intérêts de la Nation
au hafard d'une furprife, aux mains du plus
adroit ou du plus fort ! qu'elle plaçât la juftice & la vérité à la pointe de quelques bayonnettes ! Digne opinion fans doute de ceux-là
qui ne durent leur élévation qu'au canon de
Vendémiaire, & qui, pour avoir l'honneur

de repréfenter le peuple, commencèrent par le mitailler !

Il fut un temps cependant où ces mêmes formes furent jugées fuffifantes par ces mêmes hommes ; il fut un temps où ils en réclamèrent l'obfervance, où ils les appliquèrent avec fcrupule, où ils euffent voulu ajouter, s'il eût été poffible, à leur lenteur, à leur folemnité dans l'inftruction d'un procès & la punition des coupables. Il eft vrai qu'il ne s'agiffoit pas alors de confpirateurs tels que nous ; il ne s'agiffoit pas de l'horrible complot d'opérer une contre-révolution par la juftice & l'humanité. Ce n'étoit autre chofe qu'un Babœuf & un Drouet, foutenus de plufieurs repréfentans protégés par un Directeur, difpofant de tous les Jacobins, & méditant feulement d'égorger la moitié de la France pour le bonheur de l'autre. Les preuves de leurs projets étoient plus claires que le jour ; mais quelques égards étoient dûs à de fi anciens amis ; cette exaltation du patriotifme ne pouvoit être fi légèrement condamnée. Ô honte ! ô crime ! les plus vils des brigands furent environnés de toutes les formes protectrices de l'innocence, les ennemis de tout ordre jouirent de tous les

bienfaits des loix , la Conſtitution fut ſuffi-
ſante pour repouſſer une attaque qui tendoit,
non - ſeulement à la détruire , mais à boule-
verſer la ſociété toute entière ; ce n'étoit que
pour nous que la juſtice ordinaire , devenue
trop clémente , devoit changer & accélérer
ſon cours ; c'étoit nous ſeuls qui mettions la
Patrie dans un ſi imminent danger, qu'il fallût
pour la ſauver , violer routes les loix établies!
O vous ! qui pretendez l'avoir ainſi délivrée,
ô vous ! qui oſez dire que les formes ne ſuf-
fiſoient plus pour nous atteindre , j'en appèle ,
je m'en remets à vous-mêmes : admettez un
inſtant avec moi la ſuppoſition que ſous le
régime conſtitutionnel une minorité factieuſe
eût voulu opprimer & diſſoudre la Repréſentation nationale , ſoumettre la Nation entiére
à ſa tyrannique domination ; cherchez dans
votre féconde imagination ce qu'elle eût pu
faire , ce qu'elle eût pu dire. Si vous me montrez qu'elle eût pu faire , qu'elle eût pu dire
quelqu'autre choſe que ce que vous avez fait,
que ce que vous avez dit vous mêmes ; ſi vous
m'indiquez un autre conduite à tenir , d'autres excuſes à préſenter , je conſens à abandonner ma cauſe , à convenir que j'ai menti,

à proclamer que vous êtes les bienfaiteurs du
peuple français & les fauveurs de la Patrie.

*Les moyens qu'offroit la Conftitution ne fuffi-
foient pas pour la fauver !* Je le fuppofe, je l'ac-
corde. L'ouvrage étoit incomplet, une hypothèfe n'avoit point été prévue, la nation s'é-
toit tue fur cette hypothèfe, fa volonté n'a-
voit point tracé ce qui devoit être fait dans
cette conjonĉure : eh, bien ! qu'en conclure ?
qu'ils avoient le droit d'interprêter ce filence ?
d'y fuppléer ? d'établir, d'ordonner de leur
autorité feule ce que la nation n'avoit point
ordonné, établi ? & quoi ordonner, quoi établir ! qu'eux-mêmes qui furent les dénonciateurs, feroient auffi les juges, les feuls juges ?
qu'ils pourroient juger felon des formes inouies
jufqu'alors ? qu'ils deviendroient Légiflateurs
Conftituans, pour fe conftituer enfuite def-
potes abfolus ?

Non, fans doute. Mais puifque la Conftitution étoit fuffifante, il falloit remonter à
l'autorité dont elle émanoit. Puifque la volonté nationale n'avoit pas prévu cette nouvelle
hypothéfe, il falloit folliciter fa décifion. Puifqu'il ne reftoit plus de tribunal compétent
pour prononcer, il falloit déférer tout au

I 4

grand tribunal, celui des citoyens français,
qu'ils affectent de regarder comme le fouverain. Du moins après avoir eux-mêmes agi
& décidé de leur chef, à raison de l'urgence,
il falloit s'empreffer à laiffer revoir & juger
leur conduite, il falloit attendre, dans un refpectueux filence, que leurs mefures provifoires
reçuffent quelque caractère légal de la libre
fanction de leurs concitoyens. Au lieu de cela,
qu'ont-ils fait? Voyez-les dans l'attitude de
maître, dicter des loix à cette Nation fou-
veraine, faire en tous lieux annoncer, au bruit
du canon, qu'ils ont fauvé le peuple, comprimer par la terreur cette opinion qu'ils devoient s'impofer à eux-mêmes! Voyez-les
s'oppofer, non-feulement à ce qu'il parle,
mais encore à ce qu'il compare, à ce qu'il
connoiffe, à ce qu'il entende; arracher de
fes mains nos proteftations & nos défenfes;
lui interdire jufqu'à la faculté, je ne dis pas
de fe déclarer pour nous, mais de s'attacher
par conviction à leur autorité même (*)!

_____

(*) C'eft ainfi que, dans le Département du Gard,
on a condamné à l'expofition et à deux années de

& ils ofent fe dire les libérateurs & les amis
du peuple! & ils ofent parler de République!
Grands Dieux! quelle nouvelle efpèce de tyrannie! Accabler tout un peuple fous la plus
infolente domination, & le forcer au même
inftant de fe proclamer heureux & libre! Je
crois voir Néron exiger des Romains qu'ils

---

fers, un citoyen qui lifoit à trois femmes mon adresse
aux Lyonnois, écrite le 18 fructidor. i ette farouche
surveillance ne s'est point rallentie On en jugera
par la difficulté avec laquelle va circuler cet écrit.
Je prévois que la plupart de mes concitoyens n'en
connoitront que l'extrait donné par Poultier et con-
sorts Il est vrai qu'il sera fidèle. On pourroit le trâ-
cer à l'avance; le voici à-peu près: » Camille Jor-
» dan vient de sonner ses cloches. Il a fait un der-
» nier appel aux compagnons de Jésus et du Soleil.
» Il est inutile aux bons citoyens de chercher à lire
» ce dégoûtant écrit. Le caractère connu de l'auteur,
» émigré, royaliste, fanatique, montre assez ce
» qu'il doit être. Sous le rapport littéraire, ce n'est
» rien qu'une misérable déclamation de capucin,
» digne à-peu près du douzième siècle. Sous le rap-
» port de la politique, les principes en font horreur.
» L'auteur y lève le masque. Il convient franche-
» ment qu'il y avoit des royalistes à l'assemblée;
» vous voyez donc bien que la conspiration existoit.

le nomment le bienfaiteur de l'humanité , & le placent de son vivant au rang des Dieux.

S'ils n'en ont point cependant référé au peuple , s'ils n'ont point pris son opinion pour régle , ils ont en cela un motif d'une haute sagesse , & j'allois oublier de le dire : nous avions corrompu l'opinion générale. C'est du

---

» Il fait des reproches à nos armées; vous voyez
» donc que les conspirateurs ne s'intéressoient pas
» à leurs triomphes. Il s'appitoye sur les émigrés et
» les prêtres; vous voyez donc qu'il regrette l'ancien
» régime. Il blâme le projet de descente en Angle-
» terre ; voilà le fidèle agent de Pitt. Il en revient
» à son systême de *la vengeance naturelle* ; un petit
» mot d'encouragement aux assassins et chauffeurs
» du midi. Il invoque sans cesse la volonté générale ;
» ruse de vendémiaire pour renverser la République.
» En un mot, il y prêche par tout la guerre civile
» et la contre-révolution. Aucune séduction ne
» peut résulter sans doute d'un si méprisable libelle
» Il fait au contraire mieux goûter la révolution du
» 18 fructidor. Cependant il est de la sagesse du
« Gouvernement d'empêcher que de tels écrits ne
» vi nnent souiller les regards des patriotes. Ceux
» qui veulent acquérir sur toutes ces questions, un
» juste dégré d'instruction , n'ont-ils pas assez de
» journaux ?

moins ce qu'ils ont affirmé dans plufieurs de
leurs difcours. Nous, avoir corrompu l'opinion! nous, qui n'exerçant aucune autorité,
ne difpofant d'aucun tréfors, ne nommant
aucun agent, réduits à nos feuls difcours. &
à nos feuls fervices, ne pûmes exercer que
les féductions de la raifon & du bonheur;
tandis qu'eux, fources de toutes les graces,
moteurs de toutes les forces, placés au centre
de la plus vafte correfpondance, purent exercer toutes celles des paffions & des crimes!

Nous, avoir corrompu l'opinion! & en
quel tems? Alors qu'une longue & cruelle révolution venoit de fournir à ce peuple tant
d'éclatantes leçons pour connoître fes vrais
intérêts, & difcerner fes vrais amis. Certes,
il auroit donc bien peu goûté, en les éprouvant, ces inftitutions républicaines? ou s'il
les avoit goûtées, cédant avec tant de promp-
titude aux impreffions d'une faction contraire,
il feroit donc bien indigne de les porter! il
feroit donc bien à plaindre d'avoir une Conftitution qui confacre la volonté générale,
& fait tout dépendre de cette inftable opinion ?

Nous, avoir corrompu l'opinion! Soit;

elle étoit corrompue, mais elle étoit à nous ;
le peuple étoit trompé, mais il nous approu-
voit. Vous l'entendez, Peuple françois ; il eſt
forti de leurs bouches, ce mémorable aveu:
ils règnent contre vos vœux. Qui l'empor-
tera maintenant de vos erreurs que vous ai-
mez, ou de leur fageſſe que vous déteſtez ?
c'eſt à vous de voir ſi vous ſouffrirez long-
temps qu'une poignée de ces philoſophes,
oſant ſe plaindre de la dépravation de votre
opinion, en même-temps que de l'inſuffiſance
de votre Conſtitution, après avoir violé toutes vos loix, courbent encore toutes vos vo-
lontés, après avoir forcé votre ſoumiſſion,
vous reprochent encore votre erreur, & joi-
gnent ainſi l'inſulte à l'outrage. C'eſt à vous
de voir ſi vous permettrez que quelques individus, parvenus au pouvoir en invoquant
fans ceſſe la volonté générale, vous adreſ-
ſent aujourd'hui, par tous leurs actes, un
langage qui ſe réduit à ceci : » Notre opinion
» eſt l'organe infaillible de la vérité ; la Ré-
» publique eſt dans notre volonté, la Patrie
» dans notre perſonne, la liberté dans notre
» puiſſance, il n'eſt qu'un dogme politique,
» c'eſt de nous obéir & de nous croire. »

L'audace, l'abfurdité, l'inutilité de cette excufe? *que les moyens prefcrits par la Conftitution étoient infuffifans pour la fauver*, reftent donc établies de mille manières. J'ai donc montré qu'en fuppofant la confpiration auffi prouvée qu'elle l'eft peu, il n'eft rien dans cette fuppofition même qui puiffe fournir la moindre excufe à la conduite qu'ils ont tenue envers nous, à la violation de la Conftitution qu'ils fe font permife en nous profcrivant.

Eh bien! ce n'eft pas tout encore. Accordons même que cette propofition fut légitime, qu'on put avec équité violer envers nous toutes les formes & tous les principes. » La Conftitution, difent-ils, ne s'étoit pas » tenue en garde contre fes défenfeurs; il a » fallu l'oublier un inftant pour arrêter leurs » coupables manœuvres. » Je l'admets. Au moins falloit-il fe borner à cette violation. Au moins notre complot en étant l'unique motif, elle ne devoit s'étendre qu'à nous. Au moins, les confpirateurs étant frappés, difperfés, les Légiflateurs devoient s'empreffer de rendre à la Conftitution fon éclat & fon empire.

Mais voyez de combien d'autres violations

cette violation a été accompagnée. Voyez quel rapport peut fe trouver entre notre prétendue conjuration royale, & tant de mefures illicites. Cinquante-deux Légiflateurs avoient confpiré, deux Directeurs confpiroient avec eux ; étoit-ce donc un motif pour frapper en maffe, par une loi rétroactive & aveugle, une foule d'écrivains, la plupart auffi précieux aux lettres qu'à la Patrie (1), pour les condamner, fans qu'un feul des juges eût fous les yeux une page de leurs écrits, fans qu'une foule de ces juges les eût même jamais lus; pour les condamner, lorfqu'ils n'avoient fait qu'ufer de l'imprefcriptible droit que la Conftitution affure de cenfurer ou louer les actes des autorités établies, & pour fapper de ce feul coup toute cette liberté de la

---

(1) Dans le nombre, qui le croiroit? Ils n'ont pas rougi de placer l'homme le plus étranger à la politique, par son caractère et ses occupations, le respectable abbé Sicard, l'inftituteur et père des sourds-muets, qui avoit, par cet établissement, honoré sa Patrie, et bien mérité de l'humanité entière. Ils l'ont frappé...... les bourreaux de septembre l'avoient épargné.

preſſe, dernier rempart de la liberté politique ? (1)

Nous avions conſpiré. — Etoit-ce donc
un motif pour caſſer les élections de plus de
quarante Départemens, & renvoyer cent
cinquante élus du peuple ? Eh! quelle violation de la Conſtitution plus audacieuſe, que
d'annuller ainſi des élections opérées ſuivant
la rigueur des formes cnnſtitutionnelles, ſans
élever de diſcuſſion ſur les circonſtances qui
les accompagnerent, ſans jetter un regard ſur
les procès-verbaux qui les fondoient (2) ?
Quoi! parce que Duverne-de-Preſl₂ avoit annoncé que l'intention des royaliſtes étoit d'in-
fluencer les élections, ils falloit en conclure
avec certitude qu'ils avoient dicté les choix!
Leur deſir annonçoit leur puiſſance! leur
deſſein prouvoit leur réuſſite! Mais étoit-ce
d'ailleurs de cette opinion des élus, que la
validité des élections devoit dépendre? & où
étoit l'article de la Conſtitution qui décidoit
qu'une opinion favorable à la royauté étoit

_____

(1) Voyez la loi du 20 fructidor ſur les journaliſtes.

(2) Loi du 19 fructidor, art. 1, 2, 3, 4.

un titre d'exclufion, & que le vœu même du peuple ne pourroit conférer des magiſtratures qu'à ceux qui profeſſèroient une immuable admiration pour la totalité de nos inſtitutions nouvelles ?

Nous avions conſpiré. — Etoit ce donc un motif pour enlever à la Nation elle - même fes plus inviolables droits, pour interdire l'entrée des aſſemblées primaires à une foule d'individus qui, réuniſſant toutes les qualités de citoyens, étoient appellés à y voter, fous le ridicule prétexte qu'ils furent nobles ou parens de proscrits (1) ? Etoit-ce une raiſon de dicter des loix à ces aſſemblées primaires qui compoſent le fouverain (2), d'où émanent toutes les loix, de prétendre engager par des ſermens ceux-là qui ne font liés que par leur propre volonté ? & quels ſermens ? des ſermens de haine à une forme de Gouvernement qu'il eſt permis à un individu d'eſtimer, s'il ne lui eſt pas permis de la rétablir ; des ſermens de haine à des inſtitutions que le peuple

_____

(1) Idem , art. 8, 9.

(2) Constitution française, art. 2.

lui-même ,

lui-même, fi tel eft fon plaifir, a le droit de vouloir & de relever dans fon fein. (1)

Nous avions confpiré. — Mais étoit-ce donc un motif pour faifir des hommes (2) qu'une commiffion militaire, nommée par Merlin lui-même, avoit abfous, pour arrêter une feconde inftruction de leur caufe ouverte devant un tribunal ordinaire, pour condamner en un inftant & fans examen, ceux qui avoient en leur faveur la préfomption de l'innocence, les arracher au pouvoir de la loi, & leur faire porter la peine d'un complot ourdi pendant leur captivité? Etoit-ce donc un motif pour affoçier à la même fentence des individus dont le nom femble pris au hazard dans la foule des citoyens, contre lesquels on n'a pas même pris la peine d'articuler un feul fait (3)? pour jetter auffi fur le vaiffeau fatal, véritable barque de Caron, des malheureux auxquels nos loix défendoient fans doute de rentrer fur notre territoire,

---

(1) Loi du 19 fructidor, art. 10, 11.

(2) Brottier, la Villeurnois.

(3) Dossonville, Raffes, etc.

K

mais qu'aucune loi ne pouvoit atteindre, mais que l'humanité devoit protéger, lorfque la tempête les porta fur nos côtes, & pour leur faire ainfi un crime d'un naufrage. (1)

Nous avions confpiré. — Mais fut-on autorifé par là à accorder au Directoire une foule d'attributions inconftitutionnelles dont le Corps Légiflatif ne pouvoit s'emparer pour lui-même.

La Conftitution avoit ordonné que les affemblées électorales nommeroient les juges deftinés à remplacer ceux qui fortiroient du Tribunal de caffation, elle n'avoit permis au Directoire de nommer que le Commiffaire près ce tribunal (2), & la loi du 19 Fructidor l'autorife à remplacer un tiers des juges, par des hommes de fon choix, & de forte que fes élus furvivront à ceux du peuple, & y réfideront quatre années (3). Ainfi le premièr reffort du pouvoir judiciaire fe

_____

(1) Les naufragés de Calais.

(2) Art. 41, 259, 261.

(3) Loi du 19 fructidor, art. 27, 28, 29.

trouve placé fous l'influence du Directoire
exécutif ; ainfi le Directoire foumis à la Haute-Cour , nomme une partie des juges qui
doivent concourir à la former, & fon im-
punité refte affurée, & fa refponfabilité devient une chimère.

La Conftitution avoit pareillément donné
aux feules affemblées électorales le droit de
nommer les juges des Tribunaux , dans les
Départemens (1); & la loi du 19 Fructidor
permet au Directoire , de nommer à toutes
les places vacantes, & elle attribue, à fes
choix, la même force & la même durée que
s'ils avoient été faits par les affemblées électorales (2). Ainfi tous les Tribunaux partı-
culiers font encore placés fous l'influence im-
médiate du Directoire exécutif, & le vœu
de la Conftitution , pour la diftinction &
l'indépendance de ces deux pouvoirs, eft une
feconde fois trompé.

Enfin la Conftitution avoit établi que les
fonctions judiciaires ne pourroient être exer-

---

(1) Constitution , art. 41.
(2) Art. 5 , 6.

çées par le Directoire (1); & la loi du 19 Fructidor, ne se bornant pas à le laisser le maître de punir à son gré les prétendus conspirteurs & les écrivains périodiques, en désignant le lieu de leur déportation, l'investit encore du pouvoir étrange de déporter par des arrêtés individuels, les prêtres qu'ils jugeroient avoir troublé la tranquillité publique (2); c'est-à-dire, qu'en l'appellant à prononcer sur les délits de ces prêtres, elle lui confère de véritables fonctions judiciaires; c'est-à-dire, qu'en l'autorisant à appliquer ensuite des peines à ces délits, elle cumule même en sa personne ces fonctions de jurés & de juges que la Constitution avoit voulu séparer. (3)

Nous avions conspiré. — Mais encore étoit-ce un motif d'anéantir cette liberté des cultes que la Constitution promet (4), & que le peuple réclame, soit en ordonnant à des milliers d'ecclésiastiques, de s'éloigner de leur

(1) Art. 202—145.

(2) Art. 24.

(3) Constitution, art. 237, 238.

patrie, (1) pour n'avoir pas fait à l'origine de la révolution un ferment religieux qui ne leur fut pas commandé, dont l'objet s'eft depuis long-temps évanoui, & dont on ne pourroit renouveller la demande fans ridicule & même fans crime, foit en forçant tous les miniftres des cultes, qui refteront en France, de dépofer à l'inftant leurs fonctions s'ils ne prêtent une nouvelle formule qu'on n'a pas le droit d'exiger des fimples citoyens, & qu'on n'exige de ceux - ci que parce qu'on s'eft attendu que leurs habitudes religieufes, y oppofant un invincible obftacle, fourniroient un nouveau prétexte à la profcription, des cultes qu'ils profeffent (2) ?

Nous avions confpiré. — Mais falloit - il enfin renverfer tout l'ordre de notre jurifprudence criminelle ? La Conftitution avoit établi que nul ne pourroit être diftrait des juges que la loi lui affigne, que nul ne pourroit être faifi que pour être conduit devant l'officier de police ; que nul ne pourroit être jugé pour

(1) Loi du 19 fructidor ; art. 23.

(2) Idem , art 26.

K 3

des délits comportant peine afflictive ou in-
famante, que fur une accusation admife par
les juris, ou décrétée par le Corps Légiflatif; que le Directeur du jury feroit fpécialement chargé de pourfuivre tous les attentats contre l'ordre public (1); elle avoit fait
de tous fes articles le principal rempart pour
la liberté des citoyens; & fi elle y fouffroit
quelque exception, c'étoit feulement à l'égard
des armées de terre & de mer, dont elle
avoit dit (2): Ceux - là feront foumis à des
loix particulières, foit pour la forme des jugemens, foit pour la nature des peines; &
la loi du 19 Fructidor, confondant tous ces
principes, foumet aux jugemens des tribunaux militaires tous les individus prévenus
d'émigration, tous ceux-là même qui, ayant
obtenu leur radiation provifoire, ne feroient
pas fortis dans le délai qu'ils prefcrivent,
tous ceux encore qui donneroient afyle à des
émigrés, ou qui feulement correfpondroient
avec eux; elle laiffe à la difpofition d'un Gé-

_____

(1) Constitution, art. 204, 222, 237, 242.
(2) Idem, art 290.

néral la nomination des fept juges qui pro-
nonceront dans les vingt - quatre heures de
leur fortune ou de leur vie ; & ces tribunaux
ne font pas même érigés dans les départemens où ces individus ont leur domicile , où
ils furent portés fur la lifte , mais dans celui
où l'on juge à propos de les arrêter (1).

Qu'eft-il befoin d'en dire davantage? Voilà,
voilà les réfultats de cette journée du 18 Fructidor , qu'ils ont ofé appeler une glorieufe journée. Voilà , voilà les actions de ces hommes
qui ont ofé nous accufer d'avoir confpiré contre la Conftitution , & d'être les ennemis du
peuple.

La Conftitution violée dans plus de quarante de fes articles , le refpect qui les entouroit tous irrévoquablement détruit , la Repréfentation nationale violemment difperfée
& diffoute , un fimulacre de Corps-légiflatif
réduit au plus abject efclavage , la volonté
comme les droits du peuple traités avec une
cruelle dérifion , le defpotifme de trois hommes fubftitué à cette liberté conquife au prix

---

(1) Loi du 19 fructidor, art. 16 et suivans.

K 4

de tant de fang , la gloire de nos armées flé-
trie , l'infâme banqueroute proclamée , les
fources de la richeffe taries, l'efpérance s'é-
teignant dans tous les cœurs , & cet efprit
public , dernière reffource de la France pref-
qu'anéanti par la douleur de fe voir replongé
dans l'abyme dont on s'efforçoit de fortir , par
la fatale expérience du triomphe de quelques
factieux fur tout un peuple , & de l'impuiffance de l'effort morale de l'opinion contre
un rampart de bayonnettes.

Dieux ! & au milieu de tant de calamités
publiques & générales, que d'infortunes par-
ticuliéres, que de larmes verfées dans le fein
des familles, qu'eux feuls font répandre ! Français, ils ont ofé fe vanter auprès de vous de
leur humanité. « Ils fe font fouvenus, ont-
» ils dit, qu'ils étoient les Repréfentans d'une
» Nation fenfible, aucun acte de violence n'a
» fouillé cette belle journée, aucun échafaud
» n'a été dreffé (1). » Clémence admirable
fans doute de ne vous avoir pas affaffinés !

_____

(1) Voyez le rapport déjà cité sur la loi du 19
fructidor.

bienfait, comme difoit l'Orateur romain, le
plus grand qu'on puiffe attendre & recevoir
des brigands (1)! Mais cette humanité même
fût-elle leur vertu ou la vôtre? quel mérite
y eût-il à ne pas égorger, quand perfonne ne
réfifta, à ne pas être cruel, quand la cruauté
devenoit inutile & pouvoit être funefte? « Quel
» corfaire, quel pirate, s'écrioit encore le mê-
» me Orateur, pouvant avoir des dépouilles
» entières fans répandre de fang, préféra d'en-
» fanglanter fa proie (2). » Mais qui peut cal-
culer tout le fang qu'ils euffent verfé, fi dans
ces terribles journées votre prudence n'eût
contenu votre énergie, & fi, pacifiant avec
de farouches tyrans, vous n'aviez confenti à
racheter votre repos & vos vies au prix de
votre Conftitution & de vos Loix?

Le repos, la vie! Eh! qui oferoit même en
répondre déformais? Quelle nouvelle terreur

---

(1) *Sit quidem beneficium, quandoque accipi à
Latrone beneficium majus non potest.* In M. Anto-
nium. Philippica II.

(2) *Quis pirata tam barbarus, ut cum integram
prædam sine sanguine habere posset, cruenta spo-
lia detrahere mallet?* Pro Roscio.

fe prépare à l'inftant même que l'on protefte contre elle ! Voyez déjà ces tribunaux révolutionnaires relevés dans les Départemens ! La vie des citoyens protégée jufqu'ici par d'inviolables loix , eft livrée, fous le premier prétexte d'émigration, d'afyle donné à un émigré, ou de correfpondance avec lui, aux mains d'un feul homme qui les abandonne à fept autres dévoués à fes ordres ; & de peur qu'il ne refte quelque forme de liberté dans une telle inftitution , cet homme n'eft pas même choifi par le peuple , il eft nommé par le Directoire dont il dépend; & de peur qu'il n'y refte fur-tout quelqu'ombre d'humanité , que de fimples citoyens ne foient des Miniftres trop doux d'une telle juftice., on va les chercher dans cette claffe que les habitudes guerrières difpofent plus que toute autre au mépris de toutes les formes ; c'eft à des foldats qu'un fi effroyable pouvoir eft confié fur la fortune & la vie des Français; c'eft au milieu du carnage des combats qu'ils auront fait l'apprentiffage d'une telle magiftrature ; & de peur qu'un inftant de réflexion ne foit même accordé à des juges fi bien préparés quand ils prononcent fur les queftions les plus difficiles comme fur les intérêts les plus chers , c'eft dans les vingt-quatre heures qu'il leur eft ordonné de porter & de faire exécuter leurs horribles fentences (1).

Ainfi , quelle penfée ! le voleur, l'affaffin, feront encore traduits devant les jurés , entourés de toutes les formes protectrices de l'innocence , & l'honnête citoyen , fur le moindre foupçon formé par l'erreur ou la vengeance , fe verra traîné dans une caferne, & remis à la difcrétion de quelques grenadiers,

Voyez ici ces profcriptions renouvellées ! l'ombre même de Robefpierre évoquée du fond des enfers, indique les victimes échappées à fes fureurs ; les liftes fatales que fa main à tracées fe déroulent (2). Quel fpectacle ! une foule d'individus de toute condition & de tout âge , que les affections de l'ame plus fortes que le fouvenir des maux qu'ils fouffrirent, venoient de rappeller dans cette France qui les vit naître,

---

(1) Voyez les dispositions déjà citées de la loi du 19 fructidor.

(2) On fait que la plus grande partie des listes d'émigrés fut dressée pendant la terreur.

pour folliciter le droit d'y mourir en paix,
un plus grand nombre de citoyens que même
la tyrannie n'arracha jamais du fol de la Patrie, mais que la cupidité, la vengeance ou
d'innocentes erreurs avoient fait placer fur
ces liftes d'émigration, qui préfumés innocens par un premier jugement, fe repofoient
fur cette juftice provifoire, & l'évidence de
leur droit, reçoivent tout-à-coup l'ordre im-
pitoyable de laiffer des intérêts fi chers à des
mains étrangères, & de s'éloigner de leur
terre natale (1). Ils partent, & nul d'entre
eux ne peut fe dire en partant : « Je rentrerai
» quelque jour dans mes foyers, je reverrai
» quelque jour cette habitation de mes pères.»
Ils partent, & s'ils héfitent un inftant, fi
la fenfibilité prolonge leurs triftes adieux, ce

---

(1) Il est vrai qu'il leur est permis de solliciter de
l'étranger leur radiation définitive ; mais on sait de
qui ils peuvent l'attendre. Et lorsque le Directoire
vient d'ordonner de revoir les radiations déjà accordées par lui, on peut juger à quel point il est permis d'en espérer de nouvelle. Ceux-là seuls qui pouvant les payer très-cher, pourroient le mieux s'en
passer, en obtiendront de ces équitables juges.

retard eſt payé de leur vie. Ils partent , &
leurs troupes malheureuſes couvrent la France
entière , & le deuil s'étend ſur toutes les familles , & les gardes même qui veillent à nos
barrières laiſſent à leur paſſage échapper quelques larmes. Ils partent , & dès cet inſtant,
les portes de la France ſe referment ſur eux,
& la Patrie ne leur fait plus entendre dans
le lointain que des paroles de mort : il faut
mourir à tout ce qu'ils connurent , à tout ce
qu'ils poſſédèrent , à tout ce qu'ils aimèrent ;
& ſi les beſoins preſſans de l'indigence , ſi
le beſoin plus preſſant de la tendreſſe laiſſe
ſubſiſter le moindre rapport entre eux & le
monde qu'ils habitèrent , ſi le ſimple deſir
de s'aſſurer de leur exiſtence , fait , dans un invincible tranſport , tracer une ſeule ligne à
quelqu'un de ceux qui leur étoient chers , ces
infortunés ſont traités comme leurs complices;
le ſupplice eſt la récompenſe de la vertu , &
le glaive de la loi étouffe le cri de la nature.

Quel autre ſpectacle s'offre encore ? de malheureux prêtres , après cinq ans de miſère &
d'exil , venoient d'être rappellés au milieu de
nous ; ils ſaluoient la terre natale , ils ſe re-

pofoient au fein de l'amitié de leurs longues
fouffrances ; & la joie de ces premiers em-
braffèmens eft fubitement troublée par i'arrêt
d'une profcription nouvelle. De vénérables
vieillards vont une feconde fois implorer la
pitié des nations étrangères ; ils perdent l'efpoir
de voir creufer leur tombeau auprès du tombeau de leurs pères , & ce peuple fimple &
bon , qui béniffoit le ciel en retrouvant fes
pafteurs , qui les entouroit avec attendriffe-
ment & refpect, qui fe livroit avec un nouveau
tranfport à l'exercice de fon culte , fe fent
tout-à-coup arraché à fes innocentes jouif-
fances. Le chant des hymnes faints eft inter-
rompu , l'affreufe Perfécution fous le nom de
la Loi , eft debout fous le portique du temple ; le filence mortel de l'Athéifme fe répand
au loin ; la Vertu fuit éplorée , toutes les ef-
pérances s'éteignent , toutes les confolations
difparoiffent , & des milliers de malheureux
qu'ils ont faits , fe fentent plus malheureux
encore.

Parlerai-je , après tant d'infortunés , de nos
propres Collègues ? c'eft envers eux fur-tout
qu'ils prétendent avoir ufé de clémence ; &
c'eft ici en effet que leur humanité fe découvre

plus admirable & plus touchante. Il eſt vrai,
ceux d'entre nous qui ſont tombés entre leurs
mains n'ont pas été égorgés ſur l'heure. Ils
auroient trop redouté de déployer aux yeux
de la multitude cet appareil des ſupplices qui
la révolte plus que le renverſement de toutes
les loix. Ils auroient trop redouté de réveiller
par l'effuſion du ſang, les ſouvenirs du règne
affreux de la terreur. Mais s'ils ont ſu contenir les premiers mouvemens d'une impa-
tiente rage, quelle cruauté froide & rafinée
va préſider à leur traitement ? Quelle nouveau
ſupplice plus effroyable que la mort ? Les malheureux ſont livrés à la diſcrétion de ce Directoire, dont ils cenſuroient les actes, dont
ils balançoient la puiſſance, qui fut leur rival
le plus farouche & leur ennemi le plus achar-
né. Ils lui ſont livrés, afin que la France ſa-
che bien que c'eſt à ſa haîne particulière &
non au bien public qu'on les ſacrifie ; ils lui
ſont livrés afin qu'il aient à lui rendre graces
de toutes les cruautés qu'il daignera leur épar-
gner, genre de ſouffrance horrible pour des
hommes libres & fiers ! Ils traverſent dans
un appareil deſtiné aux plus vils criminels,
cette France à laquelle ils donnoient des loix.

Ils font expofés par l'infolent vainqueur à
l'humiliante curiofité de la populace & aux
outrages des brigands qu'ils voulurent réprimer. Ils font déportés enfin; mais un filence
terrible eft gardé fur le lieu de leur deftina-
tion ; mais une nuit affreufe cache à leurs
yeux les régions qu'ils vont habiter , & la
mer n'a point de rivages ignorés , l'Affrique
de déferts , les Indes d'Iffes fauvages, il n'eft
point fous les tropiques de plages brûlantes ,
de glaces fous les pôles , qui ne puiffent s'offrir à leur imagination incertaine , comme le
lieu où doit fe terminer leur courfe; & c'eft
avec cette penfée dans le cœur qu'ils pofent
le pied dans le navire , qu'ils perdent de vue
les rivages de la France. Eh ! qu'a donc la
mort elle-même de plus amer au cœur de
l'homme? De quelles féparations plus déchi-
rantes peut - elle donner le fignal? Que re-
grettons-nous en quittant la vie , fi ce n'eft
notre patrie , nos parens , nos amis & toutes
ces habitudes chères dont fe compofoit notre
exiftence? Du moins en montant fur un échafaud , l'ame du héros s'élève & fe foutient
par l'afpect du fupplice lui-même; du moins
en dépofant fa dépouille mortelle , le cœur

de

de l'homme de bien fe fent nourri d'une fu-
blime efpérance; il voit, après un court inftant de douleur, de magnifiques perfpectives
s'ouvrir devant lui; mais ici, le génie du
mal ne femble-t-il pas avoir trompé les calculs de cette Providence bienfaifante, qui
vouloit que le comble des cruautés du méchant fut le commencement de la récompenfe
de la vertu! Un long & aride intervalle eft
placé pour ces hommes entre la fin de la vie
& l'entrée de l'immortalité; ils le traverferont
feuls; ils ne connoîtront plus que la douleur
folitaire; & plus ils furent moraux & fenfibles, plus elle fera pénétrante. C'eft dans le
cœur qu'on va frapper ces hommes généreux
qui dédaignoient la vie & méprifoient les tor-
tures; c'eft de leurs propres affections qu'on
a fait leurs bourreaux; c'eft le père, l'époux,
l'ami, le citoyen qui font déchirés, quand
l'homme eft épargné. O vous! qui ofez exal-
ter la douceur d'un traitement femblable, vous
ne faites que révéler à tous le fonds de vos
infenfibles cœurs. Vous croyez montrer votre
clémence, & vous montrez feulement que
vous n'avez jamais connu les premières affections de la nature. Vous voulez nous prou-

L

ver que vous êtes humains , & vous nous an-
noncez que vous n'êtes pas même des hommes.

Que dis-je? qui fait encore fi leur vie même doit être en effet confervée? fi l'ordre
affreux n'eft pas donné d'y attenter fur leur
route? fi même , arrivés au lieu de leur des-
tination , ils n'y périront pas d'abandon &
de mifère , s'ils n'y fuccomberont pas aux atteintes d'un climat meurtrier, fur une terre
qui dévore fes habitans , & n'auront ainfi
reçu une longue prolongation d'exiftence que
pour expirer avec une plus douloureufe ago-
nie loin de nos yeux , & fans qu'une larme
foit verfée fur leur tombe? Que de régions
où il fuffit d'être jetté pour être exterminé !
que d'ordres de déportation peuvent être une
fentence de mort ! qui nous garantit que tel
n'eft pas celui qui fut donné a leur farouche conducteur? qui nous le garantit? Oh!
Dieux! la fenfibilité du Directoire . . . . &
fon filence.

Pour nous , qui, en nous condamnant à
un exil volontaire , ou en nous enfeveliffant
dans d'obfcures retraites , avons pu jufqu'à
préfent échapper à fes pourfuites, quoiqu'il

foit amer, fans doute, de mener au loin une
vie errante & fugitive, ou d'exifter privé de
la lumiere du jour, quoiqu'il foit plus amer
encore d'être arraché au commerce de tant
d'excellens amis qui euffent mêlé leurs larmes
aux nôtres, & gémi avec nous fur les maux
de la France, quoiqu'il foit affreux pour
ceux qui, comme moi, avoient obtenu du
Ciel une Patrie chère à tant de titres, & fi
douce à habiter, de ne pouvoir plus contempler fon délicieux afpect, refpirer cet air qu'on
aimoit, errer encore fur fes ruines, fe nour-
rir, en les fixant, d'une trifteffe pleine de
charmes, & de fe fentir frappé, à la fleur
de fon âge, d'une profcription dont on ne
prévoit pas le terme; nous n'aurons garde,
au milieu de tant de calamités publiques &
d'infortunes privées, de taire entendre quelques plaintes fur le fort qui nous eft échu;
nous rendrons même grâces à cette Providence suprême qui dirige tous les évènemens
à fes fins, de nous avoir rendu dignes de
fouffrir quelque chofe pour la juftice & la
vérité. Noùs concevons un noble orgueil en
nous retrouvant fur les honorables traces
frayées par tant de citoyens vertueux & de

grands hommes proſcrits dans tous les ſiècles par les tyrans de leur Patrie. Notre cœur treſſaille à la penſée que nous ſommes les victimes de la plus belle des cauſes ; que c'eſt pour avoir protégé l'innocence, conſolé le malheur, que la haine des méchans a éclatté contre nous. Ah ! la terre de l'exil eſt la Patrie de l'homme de bien, & les fruits qu'on y cueille, cachent ſous une apparente amertume une exquiſe & enivrante douceur.

Votre député, ſur-tout, ô Lyonnois ! s'eſtime heureux d'avoir été proſcrit, parce qu'il vous appartenoit & qu'il oſa vous défendre. Il ſe félicite aujourd'hui d'avoir rempli ces fonctions qu'il n'accepta, vous le ſavez, qu'avec répugnance. Il ſe félicite d'avoir pu répondre par ſa proſcription, aux marques ſingulières de bienveillance dont vous l'avez prévenu. Il porte avec joie & fierté le poids d'une diſgrace qui fonde ſa gloire à vos yeux, & qui ajoute à la vôtre.

Et vous, ô mes vertueux collegues ! ô mes dignes amis ! vous tous qui fûtes mes guides & mes modèles dans cette carrière du véritable patriotiſme, qu'il m'eſt doux d'avoir été admis à partager votre ſort ! qu'il m'eſt

doux que nos tyrans aient fu reconnoître en
moi votre émule! qu'il m'eft doux de pouvoir me préfenter aux yeux de mes amis,
comme à ceux de mes ennemis, dans votre
illuftre compagnie! vos noms placés avec le
mien fur cette lifte d'honneur, me répètent
ce que mon cœur m'avoit dit, ils m'appren-
nent ce que j'ofois à peine efpérer, que j'ai
pu bien mériter de la Patrie.

Loin de nous donc, loin de nous tous, le
condamnable vœu que forma Camille en s'é-
loignant des murs de Rome! Loin de nous
même, ô Français! le fimple defir de repa-
roître parmi vous & de remonter au poste
où votre fuffrage nous porta, fi notre retour
devoit coûter une feule larme à la Patrie! Ne
craignez point que nos âmes fe laiffent ou ai-
grir ou abattre par les coups redoublés de l'ad-
verfité. Ne redoutez de nous ni une téméraire
inconfidération, ni un lâche oubli de nos devoirs. Soit que le bien de la Patrie nous im-
pofe de contenir en nous-mêmes les fentimens
qui nous animent, foit qu'il nous commande
de voler au devant de tous les périls, elle nous
trouvera préts à tout faire. Le jour où vous
nous imprimâtes le caractère de vos Répré-

L 3

fentans , nous ceffâmes d'être à nous-mêmes ,
& nos malheurs n'ont fait que nous rendre
plus facrés les liens qui nous uniffent à vous....,
Français, hommes de bien de toutes les opinions & de tous les partis, ne laiffons point
rompre cette puiffante phalange que nous for-
mons encore fous les étendards de la juftice
& de la vérité. Après un fi effroyable revers ,
que le défefpoir du falut de la Patrie ne gagne
pas nos cœurs ; il feroit le plus grand de tous
les maux. Que l'efpérance fe conferve , qu'elle
anime tout encore. Vous , Députés honnêtes
qui reftez mêlés aux tyrans de votre pays ,
mais que tous les bons citoyens diftinguent &
plaignent, vous ne pouvez plus opérer le
bien , arrêtez quelquefois le mal ; foutenez
l'Etat fur fon penchant, & que votre oppofition, tous les jours plus énergique , fans ceffer d'être prudente , achève de convaincre la
France que les plus louables motifs vous re-
tinrent feuls dans l'affemblée la plus illégitime.
Vous, Juges vertueux, integres Administra-
teurs , que vos départemens ont le bonheur
de conferver encore, continuez à excercer
dans l'ombre des vertus que fentent vos concitoyens, & qu'ignorent vos tyrans ; que des

mesures atroces s'adouciffent en paffant par
vos bienfaifantes mains, & que du moins le
Magiftrat fe montre meilleur que la loi. Vous,
fimples citoyens, ne ceffez de reclamer ces
Affemblées primaires, qu'aucune puiffance n'a
droit à vous ravir, & quoiqu'ils en écartent
par d'iniques exclufions, une foule de citoyens,
quoiqu'ils veuillent impofer aux autres de ty-
ranniques conditions, quoiqu'ils menacent
d'y régner par la terreur, allez avec courage
& confiance y porter encore vos vœux. Dites-
vous bien que telle eft en France l'immense
majorité des amis de l'ordre, que, même après
qu'elle eft décimée, il en refte par-tout affez
pour comprimer la horde impure qui a juré
le pillage de vos fortunes & l'affaffinat de
vos perfonnnes. Imitons ainfi l'infatigable
conftance des méchans. Pérféverons à vouloir
le triomphe des loix, à le vouloir avec énergie ; croyons que la tyrannie cédera enfin à ce
long & unanime effort.........

Et toi, Providence éternelle, que je me
fais gloire de confeffer dans ce fiecle d'athéisme
avec les fages de tous les fiècles, toi, qui
préfides en filence aux révolutions des Empires, comme au cours des mondes, exauce,

L 4

les vœux de tant de gens de bien ! Prends pitié
de ce bel Empire, & de la fociété toute entière en péril avec lui ! Détourne cet affreux
avenir qui fe découvre aux regards du philo-
fophe épouvanté ! Retiens notre Patrie fur les
bords du gouffre où des infenfés la précipi-
tent, rends-lui avec des loix qui la protè-
gent, toutes les vertus qui t'honorent, &
fais enfin regner dans les inftitutions des hommes, l'ordre qui éclate dans tes ouvrages!

F I N.

SOMMAIRE.

OBJET de cet écrit : répondre à l'accusation de conspiration Royale ; nécessité de la réfuter longuement, quelqu'absurde qu'elle soit. Division générale : la conspiration n'a point existé ; fût elle vraie, elle ne justifie point les attentats dont elle fut le prétexte.

P^{re}. Partie. Le témoignage de nos accusateurs suspect de sa nature ; il est besoin des plus fortes preuves pour l'étayer. Examen des preuves qu'ils ont fournies.

1°. Des Pièces. Celles contre Pichegru : conversation de Montgaillard. Authenticité douteuse. Son authenticité ne prouverait pas la vérité du récit. Faussetés évidentes, nombreuses invraisemblances dans ce récit. — Correspondance de Klinglin. Mêmes objections. Témoignage de Moreau, doublement suspect. — L'entière vérité des faits contenus dans ces pièces, ne prouve pas que Pichegru eût alors trahi. Les inductions tirées de son caractère, et de toute sa conduite, prouvent même qu'il n'a pu trahir. — *Sa trahison ancienne ne prouveroit pas sa conspiration présente.* — *Sa conspiration présente n'avance rien pour prouver la nôtre.* — *Pieces contre Imbert Colomès ; insignifiantes en elles-mêmes, étrangères au Corps Législatif.* — *Déclaration de Dunan, correspondance trouvée chez Lemaître ; vieilles pieces déjà publiées et jugées sans force, en les examinant de nouveau : Correspondance de Lemaître, vrai chiffon sans rapport à la question.* — *Déposition de Dunan, nulle par le seul caractère de son auteur, n'annonçant que des projets, ne nommant que deux Députés, et ne prouvant rien contre eux.* — *Fin des pieces. Leur disette devient une preuve positive en notre faveur.*

2°. Conciliabules de Clichy. *Clichy, signe choisi pour le peuple, tactique révolutionnaire. Histoire de l'institution de Clichy, ses causes et ses fins.* — *Alternative inévitable : que tout Clichy fut dans le complot, ou qu'il ne fut connu que d'une partie, et caché à l'autre. Egal embarras dans les deux cas ; égale contradiction chez les accusateurs. Preuve de notre innocence tirée de Chichy même.*

3°. Nos préparatifs militaires. — *Fussent-ils réels, ils étoient justifiés, commandés par leur* propre confpiration. — Evidente démonstration qu'ils n'existèrent même pas. —

4°. Inductions tirées de nos intérêts, de nos opinions. — Foibleffe de cette induction en elle-même, quand elle feroit applicable à tous. — Elle fournit chez plufieurs un réfultat abfolument contraire. Dès lors une confpiration devenoit impossible. — Elle ne s'applique même à aucun. — Réponfe au reproche d'émigration. — Examen de notre intérêt. — Définition du fanatisme royal et religieux de quelques-uns. — Quel rapport il pouvoit avoir à une confpiration royale. —

5°. Notre conduite Légiflative. — Vagues imputations. — Note fur l'apologie de l'affaffinat. — Deux reproches formels. Le premier : avoir violé la Conflitution par nos loix. — Sa vérité même n'établiroit pas la conjuration. — Leur propre conduite montre qu'ils l'ont jugé ainfi. — Réponfe à l'accufation d'avoir fait rentrer les émigrés, interdit les clubs, voulu établir un culte dominateur, rappellé les prêtres réfractaires. — Note sur les cloches. — Tableau de notre légiflation. Elle devoit naturellement affermir la Conflitution. Que fi fa chûte en fut réfultée, elle ne pouvoit nous être imputée. —

Second reproche. —— *Avoir indirectement sappé les appuis de la Constitution.* — Les armées négligées. — *Eux-mêmes nous servent d'excuse. Ce que nous avons fait pour la gloire des armées. Ce que nous avons fait pour satisfaire à leurs besoins. Leurs souffrances exagérées. Vraies causes de ces souffrances. Qu'ils en sont doublement les auteurs. Autre maniere dont nous avons servi l'armée. Réponse au reproche de nous être défiés des soldats. Cette défiance nous eut été permise. Le reproche ne s'adresse pas même à nous. Quand toutes ces accusations seroient vraies, loin de prouver notre conspiration, elles prouvent que nous n'avons pas conspiré. Exemple tiré de la conduite de nos adversaires. Conseils aux soldats.*

———

Le Gouvernement entravé dans sa marche. — *Devoit-on n'y mettre aucune entrave? En avons-nous mises en effet? Enormité de son pouvoir constitutionnel. Immenses attributions qui lui étoient laissées en outre. Foibles retranchemens que nous y fîmes. Diverses loix à cet égard. Des colonies, des finances, de la paix; quelles furent les vrais obstacles à sa conclusion. Perfidie de ce reproche. Notre véritable faute vis-à-vis du Directoire.* —

La conſpiration eſt ſuppoſée véritable. *Examen de leur conduite. Ils n'ont pas fait ce que la Conſtitution leur preſcrivoit ; regles omiſes. Ils ont fait ce qu'elle avoit expreſſement interdit ; articles violés. Ils n'avoient même aucun titre pour des opérations légales ; caractère de leur aſſemblée. Ils ont même enfreint dans ce jugement tous les principes du droit naturel ; circonstances de ce jugement. — Leur dernier prétexte : il falloit s'écarter de la Conſtitution pour la ſauver. — Réponſes. — Les conſéquences de cette opinion ſur l'inſuffiſance de la Conſtitution , ſe retournent contre eux. Ils n'avoient pas droit à la donner pour regle. Ils méconnoiſſent en la formant les vraies baſes de la Conſtitution. — Il n'eſt pas vrai que la Conſtitution fût inſuffiſante. Leur propre conduite le prouve ; le raiſonnement le démontre ; ils en ont jugé ainſi dans d'autres tems ; ils s'accuſent eux-mêmes en s'en plaignant aujourd'hui. — La Conſtitution fut-elle défectueuse , ils devoient conſulter le peuple. Réponſe au reproche d'avoir corrompu l'opinion générale. Importance de l'aveu qu'il renferme —*

Cette violation de la Conſtitution envers nous, eût-elle été néceſſaire, il falloit s'y borner. — *Nouvelles violations de la Conſtitu-*

tion. Profcriptions illégales d'un grand nombre d'individus. Eleĉions légitimes caffées. Droits politiques ravis aux citoyens. Liberté des cultes entravée. Attributions inconflitutionnelles accordées au Direĉoire. Pouvoir judiciaire placé de diverfes manières en fa puiffance. Ordre de la jurifprudncee criminelle interverti. —

Réfultats de ces violations. Calamités publiques et privées. Contraste avec l'humanité qu'ils affectent. Tribunaux révolutionnaires érigés fous le nom de commiffions militaires. Profcriptions renouvellées. Traitement de nos collegues déportés. Confeils aux François. —

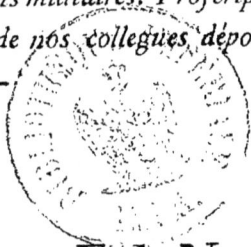

F I N.

www.ingramcontent.com/pod-product-compliance
Lightning Source LLC
Chambersburg PA
CBHW060516090426
42735CB00011B/2257